我
· COGITO ·
思

维特根斯坦私人笔记 1914—1916

Ludwig Wittgenstein
Marjorie Perloff

Private Notebooks 1914—1916

（奥）
路德维希·
维特根斯坦
著
（美）
玛乔丽·
佩洛夫
编
刘楠楠
译

GUANGXI NORMAL UNIVERSITY PRESS
广西师范大学出版社
·桂林·

维特根斯坦私人笔记 1914—1916
WEITEGENSITAN SIREN BIJI 1914-1916

丛书策划：吴晓妮@ 我思 Cogito
本书策划：韩亚平@ 我思 Cogito
责任编辑：韩亚平
责任技编：王增元
装帧设计：M[oo] Design

图书在版编目（CIP）数据

维特根斯坦私人笔记：1914—1916 /（奥）路德维希·维特根斯坦著;（美）玛乔丽·佩洛夫编；刘楠楠译. -- 桂林：广西师范大学出版社，2024.6
（思无界）
书名原文: Private Notebooks: 1914-1916
ISBN 978-7-5598-6926-5

Ⅰ. ①维… Ⅱ. ①路… ②玛… ③刘… Ⅲ. ①维特根斯坦(Wittgenstein, Ludwig 1889–1951) – 哲学思想 Ⅳ. ①B561.59

中国国家版本馆 CIP 数据核字（2024）第 088572 号

广西师范大学出版社出版发行
广西桂林市五里店路 9 号　邮政编码：541004
网址：http://www.bbtpress.com
出版人：黄轩庄
全国新华书店经销
山东韵杰文化科技有限公司印刷
山东省淄博市桓台县桓台大道西首　邮政编码：256401
开本：850 mm × 1 168 mm　1 / 32
印张：5.625　字数：83 千
2024 年 6 月第 1 版　2024 年 6 月第 1 次印刷
定价：58. 00 元
如发现印装质量问题，影响阅读，请与出版社发行部门联系调换。

CONTENTS

目　录

001　书有书的命运（代译序）

015　导　言

039　笔记一
1914 年 8 月 9 日—1914 年 10 月 30 日

075　笔记二
1914 年 10 月 30 日—1915 年 6 月 22 日

121　笔记三
1916 年 3 月 28 日（？）—1917 年 1 月 10 日

149　后　记

165　致　谢

169　参考文献

书有书的命运

（代译序）

试想有一个剧院，幕布拉开，我们看到一个人独自在房间里走来走去，他点燃一支烟，坐下来，等等，如此这般，我们仿佛突然从局外看一个人，通常我们不会如此看自己；就像我们在亲眼观看一部传记里的一章——那一定既诡异又美妙。这比作家能让人在舞台上表演或演说的任何东西都美妙，我们看到的将是生活本身。①

① Denken wir uns ein Theater, der Vorhang ginge auf und wir sähen einen Menschen allein in seinem Zimmer auf und ab gehen, sich eine Zigarette anzünden, sich niedersetzen, u.s.f., so, daß wir plötzlich von außen einen Menschen sähen, wie man sich sonst nie sehen kann; wenn wir quasi ein Kapitel einer Biographie mit eigenen Augen sähen, – das müßte unheimlich und wunderbar zugleich sein. Wunderbarer als irgend etwas, was ein （转下页）

一

维特根斯坦令人着迷，你很难确定这是因为他的哲学，还是因为他这个人。他古怪，癫狂，偏执，神秘，矛盾，深刻，热烈，强势。这一切为他营造出一种天才的光环，如魔法师般吸引着他周围的人，也难怪后来的追随者们像虔诚的教徒一样，把他奉为神一样的人物，尽管她/他们怀疑是否有人能真正理解他的哲学。

于是，我们不禁要问，一位哲学家的思想和生活到底有何关系？它们在何种程度上相互关联？一种观点认为，哲学家的个人生活与思想生活彼此无关，不能混为一谈。比方说，我们在评价《数学原理》时，不能把罗素的情史牵扯进来，就像在讨论《存在与时间》时，要把它跟海德格尔的政治倾向分开对待一样。另一种观点则认为，哲学家的个人生活

（接上页）Dichter auf der Bühne spielen oder sprechen lassen könnte，wir würden das Leben selbst sehen.

参见维特根斯坦：《杂评》（*Vermischte Bemerkungen*）（《维特根斯坦文集》［*Werkausgabe*］，第 8 卷，苏尔坎普出版社，1989 年），第 456 页。中译现有多个版本，大多转译自英译本。为求忠于原作，本书的相关引用皆由笔者直译自德语。

与思想生活是有内在联系的。这种观点以古希腊传统哲学为例，认为古代哲人的人生即其哲学，哲学即其人生；到了现代，一个人的哲学仍是其个性、情感和内心状态的变相表达。所以，了解哲学家的人生是理解其哲学的钥匙。

维特根斯坦本人大概更倾向后一种观点。他似乎从未把“个人”与“哲学”分开过。“一个人的哲学是性情问题”[①]，他曾经写道。“哲学工作其实更多是对你本人的研究工作。研究你自己的见解。研究你是如何看待事物的。（以及你要求它们什么。）”[②]他认为一个人对待哲学思考的诚实程度不可能超过对自己的诚实程度。所以他相信一部哲学著作的伟大之处在于其作者这个特定的人的伟大之处。于是，他承认，“我几乎总在写对我自己的独白，写我私下里对我自己说的话”[③]。然而，与此同时，

---

① “Die Philosophie eines Menschen sei Temperamentssache.” 参见维特根斯坦：《杂评》（《维特根斯坦文集》，第 8 卷，苏尔坎普出版社，1989 年），第 478 页。

② “Die Arbeit an der Philosophie ist [...] eigentlich mehr die Arbeit an Einem selbst. An der eigenen Auffassung. Daran, wie man die Dinge sieht. (Und was man von ihnen verlangt.)” 参见同上，第 472 页。

③ “Ich schreibe beinahe immer Selbstgespräche mit mir selbst, Sachen, die ich mir unter vier Augen sage.” 参见同上，第 560 页。

维特根斯坦又“痛恨任何人打听他的私生活”[①]，并告诫大家“不要玩弄他人的内心深处”[②]。

的确，这里涉及个人隐私问题。于是刚才的问题就变成了：公众是否有权利了解哲学家的个人生活？学者该如何权衡个人隐私与公众学术方面的要求？或者说：在讨论哲学时，我们是否——以及何时——有必要同时考虑到哲学家的生活和生存状态？

对此，维特根斯坦的家人和第一代遗稿保管人的态度十分明确，前者认为，公众没有任何权利了解他的私生活，后者担心，维特根斯坦传奇式的人生容易让人更关注他的逸事，而不是他的哲学。她/他们感到有义务确保维特根斯坦的“纯洁性”，无论是其个人形象的纯洁性，还是其哲学阐释的纯洁性。于是我们可以看到，她/他们严格控制任何与维特根斯坦有关的文本的出版，比如曾经联合阻止哈耶克发表他为维特根斯坦所写的简传[③]。然而，第一代遗稿保管人的过度谨慎似乎并没有抑制人们对

---

① 参见法尼亚·帕斯卡尔：《维特根斯坦：个人回忆》，载于《路德维希·维特根斯坦：回忆录》，洛什·里斯编，Rowman and Littlefield出版社，1981年，第26页。

② “Spiele nicht mit den Tiefen des Andern!”参见维特根斯坦：《杂评》（《维特根斯坦文集》，第8卷，苏尔坎普出版社，1989年），第481页。

③ 详见克里斯蒂安·艾尔巴赫编：《哈耶克的维特根斯坦传：文本及其历史》，刘楠楠译，广西师范大学出版社，2022年。

维特根斯坦私生活的“窥探”，反而加剧了人们对他——个人与哲学——的误解。

如今，挪威卑尔根大学维特根斯坦档案馆以开放的姿态将维特根斯坦的手稿数字化，并向公众开放。于是，大量原本被隐藏的文本现在不再是“禁区”，这为广大学者提供了从不同角度重新审视维特根斯坦哲学著作的可能。本书正是这样一种尝试。它试图以文本的形式，通过原始材料，将维特根斯坦的个人生活与哲学思考之间的关联直观地呈现给读者。

二

1914年8月7日，一战爆发没几天，维特根斯坦以志愿兵的身份入伍。两天后，他开始在笔记本上，用他那潦草的大字记录自己的生活和感受。从9月份起，他开始在日常笔记的旁边记录下自己的逻辑和哲学思考，亦即我们今天所熟知的《逻辑哲学论》的雏形。

事实上，维特根斯坦一直沿用了这种写作方法：他先在笔记本上记录下自己的最初想法，过一段时间后，修改这些笔记，删除多余的内容，经过反复修改后，最后请人将手稿转录成多份打字稿复本。通常情况下，文本一经修改，维特根斯坦就销毁其原始笔记。他甚至在生前最后一次回维也纳探亲时，明确要求销毁一战期间《逻辑哲学论》成文时期留下来的笔记。然而出于偶然，原本的大概七本笔记中有三本侥幸保存了下来。它们后来被命名为《1914—1916年笔记》，中文版有时也被译作《战时笔记》，其手稿现收藏在剑桥大学三一学院莱恩图书馆。

通过这三本幸存下来的笔记，维特根斯坦的哲学和生活蒙太奇般生动地交织在一起。有意思的是，从第一本笔记的第19页开始，维特根斯坦便刻意将自己的笔记分写成了两部分：左手页是他用密语[①]记录下来的个人感受与琐碎日常；对面，即右手页，则是他用正常文字写下的逻辑思考，以及他在战争中直面死亡后对伦理、信仰和人生意义的反思。也就是说，他有意识地将私人笔记与哲学笔记从形式上分隔开来：笔记本的一边是加密的私人领地，另一边是未加密的公开思考。[②]

作为《逻辑哲学论》创作史的重要组成部分，

---

① 维特根斯坦在私人笔记里所使用的密语其实是简单的字母顺序颠倒，即 z=a、y=b、x=c，以此类推。

② 挪威卑尔根大学的维特根斯坦文献数字化项目为读者提供了宝贵的电子图文对照版。有兴趣者可登录 http://wittgensteinsource.org 或 http://wittgensteinonline.no/，参阅维特根斯坦的手稿及其解密转录本。

1914—1916 年笔记右手页上未加密的内容早已被出版发行，并成为阐释这部著作的关键。但左手页上的加密笔记却迟迟未正式出版，尽管它们早已被解密、转录，并被维特根斯坦的传记作者们大量引用过。[①]之所以如此，是因为维特根斯坦遗稿保管人的坚决反对，她/他们尊重其导师的心愿，认为这些涉及隐私的材料与其哲学无关，且不适合公开。

的确，第一代遗稿保管人伊丽莎白·安斯康姆和洛什·里斯所在的英国和美国直到 2022 年才正式出版了私人笔记的首个英译本（德英对照本），即本书所依据的佩洛夫的版本。而在德语国家，迄今尚未出版过经授权的笔记形式的版本：1991 年在维也纳发行的 *Geheime Tagebücher 1914—1916*（《1914—1916 年加密日记》）因遭到安斯康姆的版权起诉，直到 2014 年才以传记的形式得以重新出版。

然而，这些私人笔记，果真如安斯康姆和里斯所言，与维特根斯坦的哲学无关吗？关于这个问题，有一则经常被引用的逸事也许适合再拿出来聊聊。维特根斯坦一战前在剑桥师从罗素时，经常到罗素的屋子里，跟他讨论问题。每当感到困惑时，他就在罗素那里踱来踱去，一言不发。有一次罗素问他：

---

① 关于 1914—1916 年笔记的出版史，详见本书后记。

"你到底在思考什么——逻辑，还是你的罪？"维特根斯坦回答说："Both（两者皆有）。"陈嘉映曾经就这个经典故事作过以下评论："虽然我不鼓励读者从奇闻逸事来理解哲学，但我还是忍不住要说，哲学差不多就是把我们最隐晦的灵魂和最明晰的逻辑连在一起的努力。"[①]

"最隐晦的灵魂"和"最明晰的逻辑"，这二者均隐藏在1914—1916年笔记里。正如本书编者玛乔丽·佩洛夫所观察到的：

> 如果说，早期笔记的右手页写满了符号逻辑的数学公式，左手页详述了琐碎的日常……那么，在1916年7月7日这天，我们可以看到右手页上……有这样一句话，"相信某个上帝意味着看出世界里的事实不是问题的全部"，而左手页上则是一组充满诗意的对句：
>
> 但联系会被建立起来的！
>
> 不可言说的，不可言说！[②]

---

① 参见陈嘉映：《维特根斯坦读本》，上海人民出版社，2015年，第348页。

② 详见本书导言。

是的，这是我们第一次读到维特根斯坦的那句名言，它的雏形（Was sich nicht sagen läßt，läßt sich nicht sagen!）被用密语写在了私人笔记上。虽然1914—1916年笔记的左右页乍看起来似乎没有太多关联，但就在维特根斯坦发现没有所谓的“救赎之言”（das erlösende Wort），即没有那个能解决所有问题的终极答案时，笔记的加密与未加密部分——私人与哲学领域——之间开始交相呼应起来。正是出于这一原因，佩洛夫在编辑这本私人笔记时，将哲学部分（右手页）“最醒目”“最优美”的段落按时间顺序穿插了进来。所以本书可以被看作一次建立联系的文本尝试，通过文本编辑，被割裂的联系又被重新建立了起来。

三

文本联系被建立起来以后，接下来的任务将是如何解读。

私人笔记采用日记的形式，加之使用密语，这让维特根斯坦能更直接、更坦诚地记下自己彼时的生活和心理状态。从私人笔记里，我们可以读到他对周围环境的厌恶，他内心的绝望，他对“上帝”

和“圣灵”的呼唤，等等。他在私人笔记里不厌其烦地记录和评论自己每天的逻辑/哲学进展，“工作”（Arbeit）作为关键词，贯穿了整个私人笔记：“未工作”“工作了一点点”“工作了很多”“工作了一整天”“我现在还能工作吗”“又工作了 & 我不会屈服”“工作了非常多 & 充满信心”。从这些简单的文字里，我们可以读到哲学工作给他带来的情绪波动和自我怀疑。随着战事的发展，工作记录也随之演变成战争的语言：他开始向问题发起“猛攻”，虽然“绝望”，但他仍发出英雄般的豪言壮语——“我宁愿在这座堡垒前挥洒热血，也不愿空手而归”。可问题的堡垒被“迷雾”所笼罩，这让他始终“看不见”他期望看见的东西。此时，哲学笔记中缺席的“答案”（Lösung）变成了私人笔记中的“救赎”（Erlösung），维特根斯坦现在寻找的不再是解决逻辑问题的具体答案，而是能够将他从绝望中解救出来的“救赎之言”和“救赎之念”。因此，如果说《逻辑哲学论》展现了维特根斯坦前期哲学的简约与决断（ohne viel drumherum），1914—1916 年哲学笔记还原了他在思考过程中的困惑与犹豫，那么，左手页的私人笔记则极其坦诚地记录了他在这个寻找过程中的内心感受。它重现了维特根斯坦的思想活动。

在战火中，在面对抑郁、自我怀疑和绝望时，维特根斯坦开始向“主”和“灵”求助。在私人笔记里，我们每隔几页，就能读到维特根斯坦对托尔斯泰《福音书摘要》的默念，以及他向“主”和“灵”的呼唤：“愿主赐予我力量”“愿主与我同在”“不要忘记主”“上帝保佑我”“上帝启示我”“愿灵照亮我”“灵与我同在”“唯有圣灵永存”“愿你的旨意成就”，等等。这些祈祷，尤其最后那句出自《马太福音》的“Dein Wille geschehe”，给人一种非常虔诚的印象，我们“仿佛在聆听一位垂死者的临终忏悔”[1]。但这不是一个虔诚信徒的忏悔，而更像是浮士德式的对上帝和“真”的求索。

的确，维特根斯坦始终把逻辑问题和“罪”连在一起思考。[2]他在私人笔记里经常称自己有“罪”（“我已深陷罪恶”“我在罪恶中苟延残喘”），认为自己没有能力与他那“软弱的天性抗争”，于是他求助于上帝，渴望上帝赐予他“力量与内心的坚韧”，以战胜他“灵魂上的病”。本书编者佩洛夫将维特根斯坦的自厌情绪归咎于他的酷儿身份。她认为私人笔记中的某些隐晦表达暗示了维特根斯坦的同性恋倾向，并猜测这大概就是他不断冒出自

① 参见布莱恩·麦吉尼斯：《维特根斯坦传：青年路德维希（1889—1921）》，加州大学出版社，1988年，第212页。

② 参见陈嘉映：《维特根斯坦读本》，上海人民出版社，2015年，第352页。

杀念头的原因，因为这个不可言说的“罪”与他想成为的那个“更好的人”背道而驰。然而，维特根斯坦的性取向长期以来是官方维特根斯坦研究的“禁地”，比如1973年的一本维特根斯坦传记因提及其同性恋身份曾引起过轩然大波[①]，尽管他的性取向在剑桥圈子里根本不是什么秘密。如今，半个世纪过去了，LGBTQ+运动已成为当下的热门课题，维特根斯坦研究也不再将该话题列为禁忌。于是在贮藏了很久以后，维特根斯坦的私人笔记终究迎来了它的“来世”。

如果说《逻辑哲学论》在可说与不可说之间划出一条界线，那么这条界线在加密的私人笔记与未加密的哲学笔记之间是肉眼可见的。或许，加密笔记意谓的正是那些不可言说的东西。只有当我们将二者放在一起阅读时，维特根斯坦的哲学，以及他对伦理和良好生活的理解，才会变得更清晰和更多维度。

Pro captu lectoris habent sua fata libelli.[②]

---

① 参见 W. W. Bartley III：《维特根斯坦》，Lippincott 出版社，1973 年，第 1 版；Open Court 出版社，1985 年，第 2 版。

② 拉丁语谚语，大意为：在俘获读者的道路上，书有书的命运。

四

最后简单做几点翻译说明。

本书以玛乔丽·佩洛夫编、译的德英对照本 *Private Notebooks 1914-1916*（2022 年）为底本翻译。其中，维特根斯坦的笔记直接由德语译出，导言、编者按和后记由英语译出。据佩洛夫称，该版本基于当前“最新”“最权威”的卑尔根版遗著集（*Bergen Nachlass Edition*，缩写为 BNE），其电子文本在线上面向广大读者开放。

维特根斯坦私人笔记的语言简练、口语化，像是即时记录下来的内心独白。大概因为常常被打断，他的笔记有时显得突兀、生硬。然而，就在这些未加修饰的平铺直叙中间，却会时不时冒出几句歌德的诗歌、形象贴切的比喻，或书面、文雅的用词。笔者在翻译时尽量保留了这种风格的不统一。所以译文有时突兀，有时流畅；有时采用日常口语，有时使用更书面化的表述。

此外，本书还收录了 1914—1916 年哲学笔记的部分片段（笔记中的楷体字部分）。维特根斯坦的哲学笔记早已被译成中文，并有众多版本。笔者在翻译时参考了已有的各种中译本，在此基础上，根据本书德语原文的细节，做了相应改动。另外，私人笔记里还有一些引文，比如歌德的诗句或托尔斯泰的《福音书摘要》。遇到引文时，笔者尽量参照已有的经典中译本，比如钱春绮先生翻译的歌德诗集，然后根据维特根斯坦的原文做出相应的调整。资源不足时，引文的中译则来自笔者本人。在此，笔者向中译前辈们致敬并表示感谢。

刘楠楠
2024 年春于普林斯顿

导 言

玛乔丽·佩洛夫

路德维希·维特根斯坦，堪称20世纪最重要的哲学家之一，他一生都在考虑自杀，但在临终之际，却对自己的房东太太说，“告诉他们，我度过了极好的一生”[①]。维特根斯坦如此神秘又矛盾，像极了陀思妥耶夫斯基的小说或哈罗德·品特剧中的人物。

维特根斯坦生于奥匈帝国最富有的家族之一，他的父亲是钢铁大亨和杰出的艺术赞助人。维特根斯坦在一战爆发后，把自己的财产全部让给了兄姐，想以此摆脱金钱强加给他的责任和义务。从那时起，他过上了苦行僧式的生活，先是在下奥地利当乡村教师，然后在剑桥的陋室和挪威的山间小屋里生活。然而，正是这位坚定的反物质主义者，却为姐姐格

① 参见蒙克：《维特根斯坦传：天才之为责任》，第579页。维特根斯坦1951年4月29日死于结肠癌。

蕾特在维也纳设计了一栋耀眼的现代主义漂亮宅邸，对这一精工细作、造价昂贵的建筑，从散热器到门把手的细节，他都一丝不苟。

他身上还充满了更多矛盾。维特根斯坦来自一个犹太家庭，他的曾祖父摩西·迈尔（Moses Meier）是一位土地管理人，从其雇主那里继承了维特根斯坦这个姓。但路德维希一出生就接受了天主教洗礼，后来又表现出强烈的新教虔诚倾向。他厌恶有组织的宗教，却钟爱福音书，熟记那里面的寓言与格言。对詹姆斯·弗雷泽的《金枝》一书，维特根斯坦有非常独到的评论，他认为被弗雷泽视为“原始的”古代草木神话应被理解为具体实践，在此种情况下，它们是完全合理的；实际上，他认为，将宗教作为一种实践来研究，其实就是去理解没有一种宗教能优于其他任何宗教。然而，不知何故，犹太教却被他从这种宽容的评价中排除在外：维特根斯坦从未真正摆脱他那个完全世俗化的维也纳上流社会的反犹太思想，甚至曾经评论道，犹太人（包括他本人在内）不可能成为独到的思想家。

维特根斯坦1929年至1947年在剑桥执教，在那里他成了某种传奇人物，但他绝不是学院派哲学家。出身工程专业，他经常提起自己从未读过亚里士多德或者笛卡尔。他的剑桥圈子几乎全是男性，不过，他最青睐的学生却是伊丽莎白·安斯康姆

（Elizabeth Anscombe）——维特根斯坦称之为“名誉男性”（an honorary man）。她后来成为他的首位重要译者、编辑和遗稿首席执行人。维特根斯坦的剑桥讲座，由他最忠诚的弟子记录（当时是速记），大多已出版，但他仍坚持用德语进行哲学写作，声称他只能用他的母语写作，尽管——这又是一个矛盾——他极不情愿回自己的祖国待上一段时间，即使每年的圣诞节探亲都令他为难，甚至痛苦不堪。但是，他与维也纳过去的疏离并不意味着英国就让他感到自在；相反，他一再告诉自己的同事和学生，他在他们中间是一名异乡客。20 世纪 30 年代中期的某段时间，他曾一度考虑搬去彼时的苏联，并希望自己在那里成为一名普通的体力劳动者。

无疑，这种疏离感与他的同性恋倾向有关。维特根斯坦的哥哥当中，有三人有可能同路德维希一样是同性恋，均以自杀告终。在 20 世纪初的维也纳，“越轨的”性行为是不能被公开讨论的；毕竟，即使弗洛伊德，也认为同性恋是一种可治愈的疾病，其表现是完全不合法的。英格兰的法律同样严苛，但是在知识氛围浓郁的剑桥，约束相对少些，在那里，维特根斯坦能对自己的情感更加坦诚，先是对大卫·品生特，然后是弗朗西斯·斯金纳（Francis Skinner），最后是本·理查兹（Ben Richards）。

然而，当涉及他的同性恋同事时，他本人的态度则相反。比如 1912 年，他的好友、未来的著名经济学家约翰·梅纳德·凯恩斯——凯恩斯本人也是“同性恋”——推荐他加入秘密的剑桥“使徒社”（Apostles club），维特根斯坦很快就退出了，因为他受不了使徒社成员对性事的公开、无休止的八卦。后来，类似事件也同样发生在布鲁姆斯伯里社交圈：维特根斯坦曾经声称，利顿·斯特雷奇（Lytton Strachey）对他个人性关系的详细描述令他震惊，特别是考虑到当时布鲁姆斯伯里圈的女性成员，比如瓦妮莎·贝尔（Vanessa Bell）和弗吉尼亚·伍尔夫也在场。

维特根斯坦是个“酷儿”（queer）——他频繁使用过 queer 这个形容词，尽管在他那个年代，该词仅指“怪异”（确实如此吗？）——却不认同他身边的酷儿，正如他是个犹太人，却对犹太人不满；在这方面，维特根斯坦像极了他的同代人马塞尔·普鲁斯特。只是，普鲁斯特是个狂热的现代主义者，捍卫他所在时代的新音乐、艺术和戏剧，而维特根斯坦崇拜莫扎特和贝多芬，并在青年时代热衷于参加维特根斯坦宅邸里举办的古典音乐演奏会，拒绝与晚于勃拉姆斯的任何作曲家有关联，假如乐队演奏的是理查·施特劳斯的协奏曲或马勒的交响曲，他还会离开音乐厅。他的文学品位亦如此，他喜欢德语古典文学——比如歌德、海涅、戈特弗里德·凯勒，以及奥地利作家弗朗茨·格里帕泽（Franz

Grillparzer）。在英国的那些年里，他似乎从未读过浪漫主义文学、简·奥斯丁，或与他自己同时代的现代主义作家。实际上，维特根斯坦坚持认为歌德比莎士比亚更伟大，他认为，莎士比亚的人物创作于很久以前的16世纪，因此感觉太遥远，而歌德的思想与情感则是能被所有人共情的。

另一个不寻常的现象是：维特根斯坦对先锋派丝毫不感兴趣，但他自己却无疑是个先锋派。他的写作避免一切传统论证，或开头—中间—结尾的结构，依托的则是格言、逸事、奇喻、拼接与片段。他有规律地为写好的小节编号，并为《逻辑哲学论》设计了一套缜密的数学体系，把我们从3.001带到3.01、3.02、3.03、3.031，等等。精确的数字与格言、谜之陈述的组合，令人联想到他的另一位同代人——马塞尔·杜尚，其现成品艺术和其他艺术作品维特根斯坦一定会觉得“荒谬无稽”[①]。反过来，杜尚本人对维特根斯坦也是一无所知，而他的弟子们，譬如贾斯珀·琼斯（Jasper Johns）和约翰·凯奇（John Cage），却成了《哲学研究》和《文化与价值》的忠实读者。

在此，我们见证了令维特根斯坦如此独一无二的中心悖论。这位苦行、对智识要求严苛，并且有

---

① 参见维特根斯坦：《美学讲座与对话集》，第11页。

些偏执的维也纳上层社会成员，开始坚信，哲学绝不是一门拥有自己的元语言和“科学”方法的特殊学科，相反，它是一种实践，依赖于常识和相信“日常语言是没有问题的”[①]。如果他在1915年的战时笔记中首次写道，“我的语言的界限意味着我的世界的界限”[②]，那么，这里的“语言”指的是我们在日常交往中所使用的语言。对维特根斯坦而言，之所以“我的语言的界限意味着我的世界的界限”，是因为“语言不与其他任何东西邻接”[③]。我们不像普遍认为的那样，先有思想，然后再把这些思想变成语词；我们只是在使用语词。没有思想存在于语言之外。如果提出例如“为什么一条狗不能装疼？它太诚实了吗？”[④]之类的问题，我们便能开始理解这条公理了。

《哲学研究》的开篇评论了奥古斯丁在《忏悔录》中的一则观点，即幼儿通过指向对象或人，来学习语词的意义：“苹果”“橙子”“桌子”“树”“妈妈”。然而大多数语词——比如“和”“之”“它

---

① 参见维特根斯坦：《蓝皮书和棕皮书》，第28页。

② 参见维特根斯坦：《1914—1916年笔记》，第49页（1915年5月23日），后来被收入《逻辑哲学论》第5.6节。

③ 参见维特根斯坦:《维特根斯坦剑桥讲演集(1930—1932年)》，第112页。

④ 参见维特根斯坦：《哲学研究》，§250。

们的”“没有”“必须”“甚至”“感受”“看”——都不是命名事物或人的名词，可我们还是能很快学会运用它们。譬如，一个三岁的孩子可能会说，“我希望明天不会下雨”，但如果你问她，“希望”是什么意思，她不会给你一个有意义的界定。更合理的解释是，在反复听到大人们使用“希望”这个词以后，她知道了如何在语句中使用这个词。

因此，语言的关键不是将名称和事物进行匹配，而是语法——语词在特定短语或句子中的实际组合方式。语法没有好坏对错，它只是在描述。所以，“语法中没有空缺；语法永远是完整的”，抑或，如维特根斯坦讽刺道，“哲学不是空谈就是语法”[①]。于是，便有了《哲学研究》中那句著名的“一个语词的意义就是它在语言中的用法”[②]，而用法的多样性是令人惊叹的。

对维特根斯坦而言，理解语境是理解语言——特别是诗歌语言——如何运作的核心。也许诗人、艺术家、作曲家和电影导演之所以对维特根斯坦格外感兴趣，是因为他/她们认识到，维特根斯坦本人就是某种观念诗人。“我相信，”他在1933年写道，

---

① 参见维特根斯坦：《维特根斯坦剑桥讲演集（1930—1932年）》，第112和116页。

② 参见维特根斯坦：《哲学研究》，§43。

“当我说哲学只能用诗歌创作的形式写作时，我总结了我对哲学的立场”（“Philosophie dürfte man eigentlich nur dichten”）。[①] 德语的“dichten”一词指任何形式的想象性写作，包括小说、戏剧，以及诗歌。维特根斯坦这句话的意思是，对他而言，“哲学”不是传统认为的某种抽象理论，无论是关于真理（形而上学）的、知识（认识论）的，还是关于伦理学的；而是一种活动——不是一个人知道的东西，而是做的东西。哲学是通过语言“摆脱一种特殊困惑的尝试”。“我们本能地正确使用着语言；但是这一使用对于理智却是个谜。”[②] 于是，哲学家的目标便是——如维特根斯坦在一则现已成为经典的格言中所言——“给苍蝇指出飞出捕蝇瓶的出路”[③]。

作为一名诗歌评论家，探索语言的谜题一直是我的激情所在。也许，至少在一定程度上，它是一种流亡者——我们这些必须学会用一种原本不属于我们的语言来与世界交涉的流亡者——的激情。作为一名 1938 年逃离希特勒统治下的维也纳的流亡者，我始终被维特根斯坦的某些谜题深深吸引，比如“假如我说，‘给我糖’和‘给我牛奶’这种指令有意义，

---

① 参见维特根斯坦：《文化与价值》，第 28 页。

② 参见维特根斯坦：《维特根斯坦剑桥讲演集（1930—1932年）》，第 1 页。

③ 参见维特根斯坦：《哲学研究》，§309。

而‘牛奶我糖’没有，那么，这并不意味着说出这串语词就没有任何效果”[①]。毕竟诗人可能会出于某些特殊原因，愿意使用“牛奶我糖”这个短语。比如，格特鲁德·斯坦因（Gertrude Stein）的诗歌《神圣的艾米莉》中就有这样一句诗，“蛋被要了”（Egg be takers），假如不考虑它在这首诗中的性暗示地位，该诗行听起来毫无意义。“蛋被要了”是在玩文字游戏，比如“打蛋器”（eggbeaters）、“献身”（betake），等等。“有些时候，”维特根斯坦说，“你需要把某个表达从语言中抽离出去，送去洗涤，——&然后你就可以送它回去重新流通。”[②]再如，“做哲学的唯一方法是把每件事情做两遍”[③]。

———

“把每件事情做两遍”：这个处方为维特根斯坦的三本“私人笔记”——如今首次译入英语——提供了绝好的入口。它们写于一战初维特根斯坦在东线当步兵的时期，呈现出他从第一次做哲学到重新

① 参见维特根斯坦：《哲学研究》，§498。

② 参见维特根斯坦：《文化与价值》，第44页。

③ 参见维特根斯坦：《维特根斯坦剑桥讲演集（1930—1932年）》，第24—26页。

做哲学的艰难且时常痛苦的过渡。因为这些笔记追踪了维特根斯坦的思想动态，他逐渐地，在不经意间，把起初的一篇关于逻辑的严肃论文——这篇论文旨在为一些最紧迫的问题提供答案，如命题的地位及其“真值函项”等——转变成了对伦理学和美学的更宏大、更深刻的讨论，乃至对生死意义的讨论。

维特根斯坦 1914 年 8 月 7 日在奥地利入伍时，年仅 25 岁，那是在奥匈帝国对俄宣战的第二天，也是费迪南大公在萨拉热窝遇刺——该事件荒唐地引发了第一次世界大战——的六周后。至少可以这样讲，这是一个奇怪的决定。首先，维特根斯坦患有疝气，本可延迟入伍。更重要的是：他从未对政治表现过任何兴趣，或表达过任何爱国情绪。其实，在此前的五年里，他一直生活在奥地利最强有力的敌国——英国，先是在曼彻斯特学习航空学，后来在剑桥师从伯特兰·罗素研究逻辑，是罗素的《数学原理》引发了他的兴趣。在剑桥，他还与哲学家 G.E. 摩尔和前文提到的约翰·梅纳德·凯恩斯结为好友。在罗素的一次“碎南瓜”（社交）聚会上，他遇到了年轻的数学系学生大卫·品生特，对之颇为倾慕，尽管二人显然保持着柏拉图式的关系。他们 1912 年一起去冰岛旅行，1913 年一起去了挪威，1914 年 8 月初还在计划下一场旅行（西班牙？赫布里底群岛？），但一战的爆发骤然改变了他们的计划。他们再也没能相见：品生特尽管没有入伍，却在1918年的一次飞行事故中丧生，年仅27岁。

现存的三本笔记中的第一本（1914年8月9日—1914年10月30日），记录了维特根斯坦在一艘名叫“哥普拉纳号”的巡逻舰上服役的日常遭遇，这艘船在维斯瓦河上来回巡逻，从克拉科夫，经过一些小镇，直到加利西亚地区。部队派给他的任务已经够艰巨了，但维特根斯坦经常提到的“工作”则是指他自己的工作，即他从上一年开始动笔撰写的逻辑论文，旨在纠正他的导师伯特兰·罗素和戈特洛布·弗雷格的工作。一战初期，他发展了现在被称为“语言图像论”的想法，该理论认为命题中诸元素的关系代表了它们所描述的对象。但是“图像论”后来被证明有局限，因为维特根斯坦很快就认识到，“真”命题要么是重言式（“天要么在下雨要么没在下雨”），要么属于科学和数学的范畴。所有其他命题均为或然命题：它们作出的陈述是无法被论证的。由此，传统“逻辑”的价值又何在呢？

1914—1915年冬驻扎在克拉科夫的炮兵车间期间，维特根斯坦感到越来越难以继续他自己的工作：他的思绪阻塞了。比如，他在1915年1月13日写道，他的思想本身“累了”：“仿佛一簇火焰熄灭了& 我只能等待，等它自己再燃起来。”他在不断寻找他所谓的“救赎之言”（das erlösende

Wort）——一个能以某种方式解决他的哲学困境的关键原理。“救赎之言”让人想起《约翰福音》的开篇：“太初有道，道与神同在，道就是神”——逻各斯（Logos）。但战时的这几个月，宛如灵魂的黑夜，维特根斯坦发现没有什么“救赎之言”，没有一元的逻各斯能为我们提供对人类生命基本问题的解答。他开始认识到，没有答案，只有问题。

如笔记所示，这是一个艰难的历程。维特根斯坦 1914 年 8 月 9 日开始写“战时笔记”。每本笔记里的每一天，他都用密语——这是他儿时与兄姐们一起学会并使用的一种密语[①]——在左手页（纸张的反面），记录他的私人笔记。在右手页（纸张的正面），他用正常的文字写下了后来成为《逻辑哲学论》（1922）倒数第二稿的逻辑论文。也就是说，每一天的记录都分写在左右两面纸上。

右手页的内容早在 1961 年就已公开出版，如今还有德英对照版，书名为《1914—1916 年笔记》[②]。而左手页，亦即“私密”的部分，却从未被翻译成英文出版，甚至连德语都没有一个权威的版本。为

① 该密语是颇为简单的字母顺序颠倒，维特根斯坦显然儿时与兄姐们使用过，即 z=a、y=b、x=c，以此类推。20 世纪 30 年代维特根斯坦再次使用过该密语。伊尔斯·索马维拉（Ilse Somavilla）在全部资料库中找到约 450 条加密记录。

② 该书最新的版本也已是 40 多年前即 1979 年版。

什么会有这样的空白？我将在后记中做出解答。在此我只想澄清，有据可证，维特根斯坦至少还有另外三本笔记已遗失。如我们所见，第一本遗失的笔记应该是涵盖1915年6月22日至1916年3月28日（？）这九个月的空白时间。另外两本笔记应该是继续1916年8月19日最后一条私人笔记之后中断的故事，提供战争最后那几个月的细节，以及维特根斯坦在意大利卡西诺战俘营里的日子。可惜，这些笔记已遗失。

幸存下来的笔记因其坦率、自我批评、性关注和黑色幽默而值得关注。尽管我在上文详述了维特根斯坦身上众多的矛盾与冲突，但在一件事情上他始终如一，那就是终其一生他都想“成为一个不同的人”[①]。其他人可能想改变政府，改变政治秩序，改变某个机构或行业。维特根斯坦对这些外部机构毫无兴趣，他的唯一目标是改变他自己。而正是充满挑战和困苦的战争使他有可能做到。1916年夏，当加密日记中断时，维特根斯坦得出了“世界的意义必定在世界之外”的结论，在世界中，“一切事情就如它们之所是而是，如它们之所发生而发生”[②]。

① 参见佩洛夫：《成为一个“不同”的人》，载于《讽刺的边缘》，第153—169页。

② 参见维特根斯坦：《1914—1916年笔记》，第73和84页；《逻辑哲学论》，§6.41。

没有什么在他这里是理所当然的。“为什么我的右手不能给我的左手钱？”我们在《哲学研究》里读到，“我的右手可以把钱放到我的左手里……可是，进一步的实际结果不可能是赠予。”[①]此处，维特根斯坦是在照字面意思解释“左手不知道右手在做什么”[②]这个习惯用语，向我们展示了语言可以具有多大的误导性。再如，“你听不到上帝对别人说话，只有上帝在向你说话时，你才能听到上帝”[③]。

在这些格言的例子里，我们可以看到维特根斯坦对最日常的词语使用刨根究底：第一个例子质疑“give”（“给”），第二个例子质疑“hear”（“听”）。正是在这些记录了维特根斯坦与他人的痛苦关系的战时笔记里——有一次，他担心与人决斗——他开始提出这些尖锐的问题。一旦不再寻找唯一的“救赎之言”，感知的大门便向他敞开。值得注意的是，这时，笔记的左右页——私人领域与公共领域——也开始交相呼应起来：本书向读者首次呈现了这一点。如果说，早期笔记的右手页写满了符号逻辑的数学公式，左手页详述了琐碎的日常，特别是维特根斯

① 参见维特根斯坦：《哲学研究》，§268。

② 出自《马太福音》第6章：“你施舍的时候，不要叫左手知道右手所做的。”意思是，行善时，应尽力做到不引人注意，不在人前炫耀。译者注。

③ 参见维特根斯坦：《纸条集》（*Zettel*），§717。

坦对其战友的憎恶，那么，在 1916 年 7 月 7 日这天，我们可以看到右手页上（下一天）的笔记有这样一句话，“相信某个上帝意味着看出世界里的事实不是问题的全部”，而左手页上则是一组充满诗意的对句：

> 但联系会被建立起来的！
> 不可言说的，不可言说！

> *Aber die Verbindung wird hergestellt werden!*
> *Was sich nicht sagen läßt，läßt sich nicht sagen!*

这是前文已引用过的《逻辑哲学论》§ 7——“对于不可言说的，我们必须保持沉默”——的首个版本。

然而，维特根斯坦的私人日记显示，他没能保持住这个高姿态。在第三本笔记的最后一条私人记录里——写于 1916 年 8 月 19 日（这是他在恐怖的布鲁西洛夫攻势中证明了自己之后不久），他又开始抱怨起战友的可恶和卑劣，然后又开始指责自己的偏执。正是这非凡的坦率，让维特根斯坦的战时笔记与典型的一战日记或回忆录迥然不同。后者——尤其是英国人写的——大多遵循一条特定的模式：

比如，赫伯特·里德（Herbert Read）的《撤退》，C.E. 蒙塔古（C. E. Montague）的《祛魅》和齐格弗里德·沙逊（Siegfried Sassoon）的《一名步兵军官的回忆录》，无不详尽地描述了阵地战的惨烈，并将战争的大部分责任归咎于英国政府（通常是几名特定的政客），是他们让无辜的年轻男子陷入了可怕的境地。通常，田园般的战前英格兰与防毒面具和带刺铁丝网的噩梦形成反差。即使有机会从恐怖中解脱，那也是以战争促成的战友之情的形式出现，一名尚未相识的新战友往往变成了一个人真正的朋友。

维特根斯坦的日记则相反。他不像他的英国同仁，也不像阿波利奈尔之流的欧洲大陆作家，这位法国诗人赞颂“1915 届年轻人”（les jeunes de la classe 1915）——他们称赞“电铁丝网”，并在一战前夜，期待战争成为一种革命形式：

战前我们只有表面
陆地和海洋的
战后，我们将拥有深度
地下的和大气的空间[①]

① 参见阿波利奈尔：《战争》，第 160 页。

维特根斯坦完全不谈战争。他既不评论战争的政治，也不把发生的一切归咎于奥匈帝国或者德国，更不去猜测哪方应该或者会赢，除了有一个短暂的瞬间，他推测英国人会赢，因为他们是“更好”的人。其实，他对作为一个政治事件的战争没有太大兴趣。他似乎更把“战争”看作一种更加宏大的条件——人必须在其中考验自我的存在条件。从一开始，他的愿望就是被派往前线，上战场，以证明他是否有足够的勇气面对死亡。后来，当他负伤并获授勋章时，他为自己通过了摆在面前的严峻考验而深感欣慰。所以，当他 1918 年成为被关押在意大利的战俘时，他已经变得更沉稳、更自信。而他新发现的对上帝的信仰，或至少对某种精神实在的信仰，帮助他活了下来。

同时，他对战友的态度的消极程度，就如同其他典型战争回忆录的作者们对战友态度的积极程度。维特根斯坦鄙视步兵连里的战友，认为从他们粗俗卑劣的行为中找不到丝毫人性。而军官们则不同：他称赞他们中的有些人非常“友善”且“让人舒服”；他花了许多个晚上与他们交谈。维特根斯坦对一起服役的普通士兵的评价却暴露了他所在阶级的一切偏见。要知道，他本可以轻松地成为一名军官，却一时冲动报名当了普通士兵，而那些跟他一起服役的士兵不是维也纳人，甚至连奥地利人都不是，而是来自帝国的塞尔维亚、克罗地亚和匈牙利等偏远省份。他们中的很多人不识字，也不懂德语；怪不得维特根斯坦认为他们是一群残忍、好斗、令人生厌的人。战争初期在哥普拉纳号上的那几个月里，同他一起入伍的士兵们显然取笑过他，并嘲弄和骚扰过这个看起来有些柔弱、傲慢的陌生人，在他们眼里，他肯定是个胆小鬼。

然而，在战场上能够证明自己和写出了后来成为《逻辑哲学论》的书稿所带来的满足感，终究足以弥补他在巡逻舰上或者后来在东部前线所遭受的侮辱。当他在经历了漫长的五年于 1919 年回到维也纳时，维特根斯坦的确“成了一个不同的人”。“这场战争，”他多年后对一个外甥说，“救了我的命。我不知道没有它我会做些什么。”①

在 2020 年春全球疫情肆虐的黑暗日子里，我正从一个背部手术中恢复，所以被双重困在家里。于是，我找来维特根斯坦的书，以寻求安慰和启发；在重读了《逻辑哲学论》和《文化与价值》之后，

① 参见麦吉尼斯：《维特根斯坦》，第 204 页。

我找到了威廉·鲍姆（Wilhelm Baum）编的德文版《加密日记》[①]，这本书出版于1991年，它一出版我就从维也纳订购并读过。如今重新兴致勃勃地把它再读了一遍，我却突然诧异地发现，为什么我没见过这个重要文本的英文翻译，或者至少德英对照版？令我惊讶的是，我发现虽然有不少句子被维特根斯坦的传记作者们——尤其是瑞·蒙克（Ray Monk）——选择性地引用过，但这些笔记本身并未翻译成英语。甚至连德文版也因为版权争议而绝版，我将在后记中讨论这个问题。

是的，我想，是时候纠正这个疏漏了。我个人与维特根斯坦的“特殊关系”始于20世纪90年代初，当时我发现了一些自称“维特根斯坦派”的诗人和小说家，比如英格博格·巴赫曼（Ingeborg Bachmann）和托马斯·伯恩哈德（Thomas Bernhard），还有萨缪尔·贝克特的维特根斯坦式荒诞小说《瓦特》：她/他们的作品激发了我的

---

① 书名《加密日记》（*Geheime Tagebücher*）出自威廉·鲍姆，而非维特根斯坦本人。这里涉及的手稿被收录在《维特根斯坦遗著集》的“手稿第101、102和103号”，没有标题；维特根斯坦只是把它们称作自己的“笔记”。“加密”（geheime）一词有些多余，因为这里所用的密语对维特根斯坦的兄姐来说毫无秘密可言。“日记”（Tagebücher）一词也容易造成误解，因为维特根斯坦在写下这些笔记时，并没有打算把它们写成日记。所以我选择称其为“私人笔记”，这样更准确些。

《维特根斯坦的梯子》一书。但我对维特根斯坦的兴趣也有一些家庭关系的因素。一战前的维也纳犹太知识分子圈子里流传着这样一个笑话：考虑到世纪末的大户人家（维特根斯坦有七个同胞手足，他的父亲有十个同胞手足），每一个有文化的人都或多或少是亲戚关系。位于中心位置的是卡尔·克劳斯（Karl Kraus），其大名鼎鼎的《火炬》（*Die Fackel*）周刊维特根斯坦爱不释手并经常引用。而最早为维特根斯坦写简传的则是大名鼎鼎的经济学家弗里德里希·冯·哈耶克[①]，他与维特根斯坦碰巧也是远房表亲。哈耶克同时还是一个名叫“思想圈”（Geisteskreis）的维也纳知识分子圈的创始人，我的父亲马克西米利安·明茨（Maximilian Mintz）是成员之一。所以，“家族相似”——它后来成为维特根斯坦“语言游戏”学说的决定性特征——是相当真实的。

家族相似感也适用于我的翻译。和维特根斯坦一样，我的德语也是奥地利德语——它与标准德语不同到足以拥有自己的字典；我以前在《反讽的边缘》一书中用它分解过保罗·策兰的一些古怪语法，而它对翻译维特根斯坦口语化的措辞肯定也是有帮助的。

---

① 参见克里斯蒂安·艾尔巴赫编：《哈耶克的维特根斯坦传：文本及其历史》。译者注。

最后，《私人笔记》的译者必须尊重维特根斯坦本人的沉默。那些“不可言说的”不仅包括被他如此破坏性地解构的哲学概括与抽象，还包括他的私人生活。维特根斯坦甚至连对他自己都不谈与其他人的私人交往。从《私人笔记》中我们只能读到“晚上在浴场”或“我现在的道德水平比复活节时还要低得多”或“我现在与一名军官——候补军官亚当——的关系十分紧张”。剩下的则留给读者去想象。“如果狮子能讲话，”维特根斯坦在一则最著名的格言里写道，“我们也不能理解它。”

笔记一

1914年8月9日—1914年10月30日

编者按

维特根斯坦 1914 年 8 月 7 日应征入伍，被分配到东线的一个团，靠近彼时仍属奥匈帝国的波兰城市克拉科夫。在这个加利西亚西部地区，奥军与俄军展开了一系列徒劳的小规模战斗，双方均未能取得决定性的胜利。

起初，他对新的冒险感到兴奋，但是，在抵达克拉科夫加入军团以后，他很快便意识到，自己做了一个可怕的错误决定。他本可以通过自身的教育水平和家庭背景成为一名下级军官，却一时冲动应征成为普通步兵，这让他发现自己的选择非常有限，而且战友们仿佛天外来客。1914 年的奥匈帝国，阶级划分——其实这一点整个欧洲均如此——仍根深蒂固，只有一小部分人有机会接受教育。

维特根斯坦的首项任务——在维斯瓦河上的一艘从俄军手中缴获的哥普拉纳号巡逻舰上，当负责探照灯的勤务员——令他十分痛苦。探照灯需要整夜看守，他只能在下层甲板光秃秃的木板上争分夺秒地睡上几个小时，没有被子盖。

然而，与跟战友的对峙相比，守夜要轻松得多。没过一两天，维特根斯坦就在笔记里写道，他的战友是“一群混蛋”，他几乎认不出他们是人类。毫无疑问，这些粗野的彪形大汉——他们大多是从塞尔维亚的偏远地区或者匈牙利的东部省份招募而来的——取笑这个来自维也纳的文弱书生，处处羞辱他。没有人可以去爱，甚至无人可以交谈，这是一段黑暗的日子。

一线希望出现在9月1号，那一天，哥普拉纳号短暂地停靠在塔诺（Tarnów）小镇旁，维特根斯坦在中心广场上的一家波兰小书店里闲逛时，发现了一本译成德文的书，他后来称它救了他的命——这本书就是托尔斯泰的《福音书摘要》（1892年）。这本《福音书》的汇编本开宗明义：“人乃无穷源头之子，此父之子，不藉肉身，乃藉圣灵。”在向圣灵表达过敬意以后，托尔斯泰便开始重新演绎为人所熟知的《圣经·新约》故事，他让它们脱离了其原有的超自然成分，于是，“花园中的苦恼”“打鱼的神迹”等一系列故事，均变成了寓言，而基督本人也不过是人类的楷模。

虽然维特根斯坦在天主教教义的熏陶下长大（尽管他有犹太血统），但他从未对宗教有过太多思考。他称托尔斯泰的《福音书摘要》是“一本极好的书”。

“但它仍不是那个我所期待的东西”，他补充道。我想，他的意思是，尽管将上帝定义为住在我们内心的不可言喻的灵这一概念非常吸引人，但他对托尔斯泰将《圣经》故事进行简化的做法并不十分满意。以《福音书摘要》的开篇为例：

> 耶稣基督的诞生如此发生：其母，马利亚，与约瑟订了婚。但在他们开始夫妻生活之前，马利亚怀孕了。这个约瑟是个好人，不想令马利亚蒙羞；他娶她为妻，没有与她发生关系，直到她生下第一个儿子，并取名耶稣。

维特根斯坦后来的评论表明，他更喜欢《四福音书》本身，欣赏书中的语言，以及其中带有神秘色彩的寓言所散发出的奥妙与深邃。但是，在这个时期，“圣灵”的庇护有助于他忍受其他船员的侮辱和嘲讽。与此同时，维特根斯坦始终是个务实的人。他在9月18日的笔记里写道：“在空腹和睡眠不足的情况下去事奉灵是困难的。”

无聊、单调、炮火声不断、在维斯瓦河支流上来来回回、毫无头绪的行动：尽管如此，维特根斯坦仍设法做了不少自己的哲学工作，他试图准确理解语言如何表现现实，以及任何非重言式的命题能在多大程度上保证确定性。换言之，他仍在写一篇关于逻辑的论文。

然而，战事的发展干预了进来。9月8日，加利西亚首府伦贝格（也称利沃夫）被俄军占领，在接下来的一个月里，随着寒冷天气的来临，哥普拉纳号多次停靠在邻近前线的河港。战友们的卑劣继续刺痛着维特根斯坦。9月18日，维特根斯坦无意中听到“中士如何试图在少尉面前诋毁我，仿佛我[在工作中]是个懦夫。这让我非常恼火”。更糟糕的是，他所爱的大卫·品生特，仍没有信来。维特根斯坦10月12日记录道：“我与抑郁抗争了很久，然后时隔很久我又自慰了”。但是10月20日他又写道：“灵在我的内心对抗着我的抑郁。愿主与我同在。”托尔斯泰的指引似乎开始起作用了。

然而，10月28日，从路德维希的哥哥、钢琴家保罗·维特根斯坦那里传来了噩耗，他在战斗中受伤，失去了右臂：

> 我总会不时想起可怜的保罗，他突然被剥夺了自己的职业生涯！多么可怕啊。需要怎样的哲学观才能想通！假如除了自杀还能有别的办法的话！！——我工作不了太多，工作时却满怀信心。——。愿你的旨意成就。——。

保罗并没有自杀。路德维希也没有。值得注意的是，就在情况变得最糟糕的时候——而此时就是一个典型的例子——维特根斯坦却写道，他正在“满怀信心”地做他的哲学工作。

笔记本第一册，手稿第 101 号

1914 年 8 月 9 日—1914 年 10 月 30 日

在我死后，寄给
波尔蒂·维特根斯坦女士
XVII. Neuwalderggerstr. 38
维也纳

寄给
尊敬的B. 罗素
三一学院
剑桥
英国

1914年8月9日

前天通过了入伍体检 &[1]被编入克拉科夫第二要塞炮兵团。昨天上午从维也纳出发。今天上午抵达克拉科夫。好心情。把我的大笔记本交给了特伦克勒[2]保管。我现在还能工作[3]吗？？？非常期待我接下来的生活！维也纳的军事部门难以置信地友好。每天有上千人找他们咨询，他们却总给出友好 & 详尽的解答。这种事令人备受鼓舞。这让我想起了在英国时的情形。

1914年8月10日

穿上了新兵的衣装。没什么希望能用上我的工程技术知识[4]。需要非常多的好心情 & 哲学才能让

---

① 笔记德文原文多处使用此符号，佩洛夫的英译文原样保留，中文也保留原貌，意为“和”，“并且”，或者相当于标点符号的作用。译者注。

② 阿道尔夫·特伦克勒（Adolf Trenkler）是维特根斯坦家的秘书。该笔记本的内容包括维特根斯坦在战前所做的逻辑笔记，有手写，也有打字。维特根斯坦的姐姐赫敏（Hermine，昵称 Mining）在 1917 年 6 月 7 日写给他的信里提到，她收到了“大账本”；参见麦吉尼斯：《维特根斯坦家书》，第 28—29 页。（佩洛夫注。未作特殊说明的脚注均为佩洛夫所作的注释。）

③ “工作”（arbeiten）特指维特根斯坦的个人工作，即他从 1913 年在挪威逗留期间开始撰写的关于逻辑规则的论文。

④ 这里指维特根斯坦在柏林夏洛滕堡工业高等学校（Technische Hochschule）学习机械工程的经历，以及后来在曼彻斯特大学航空学方面的非正式研究，直到他 1911 年转入剑桥大学跟随伯特兰·罗素学习逻辑和哲学。

我适应这里。今天醒来时仿佛身处那样一种梦境，梦到我突然无缘无故地又坐在了学校教室里。我的这个处境当然也很滑稽&我带着近乎讽刺的微笑执行最低级的任务。没有工作。这是对性格的严峻考验，因为需要很大的气力才能不失去好心情&精力。

1914年8月11日

睡得不好（有虱虫）。我打扫完房间，我们就行军至几门老式迫击炮处&接受操作指导。极热。饭菜难以下咽。以后可能不在营房里睡。给大卫[①]写了信。渴望他的回信，以免失去与以前生活相联系的感觉。还是没有工作。

1914年8月13日

前天去见了上尉。很不知所措&在他面前表现得不像个军人。他有些嘲讽，我对他没有好感。结果＝0。今天大家听说我有高级中学毕业文凭，于是，一群一年制志愿兵[②]都管我叫“同事先生”&劝我去行使我的志愿兵资格。我觉得这很好玩。

---

① 大卫·品生特（David Pinsent，1891—1918）。参见本书导言。

② “一年制志愿兵”（Einjährig-Freiwilliger）是奥匈帝国的一种志愿军制度，面向所有通过高级中学毕业考试的士兵，他们自费报名应征，以此换取晋升为预备役军官的机会。

（It bucked me up.[①]）昨天 & 今天重感冒 & 经常感觉不舒服。偶尔有些消沉。今天在食堂碰见一名少尉，他注意到我在那里吃午饭。他非常和气地问我参军前做什么，很惊讶他们没让我加入一年制志愿兵 & 总之非常友善，让我感觉很好。

1914年8月15日

发生了太多事，让我感觉一天仿佛过了一个星期。昨天我被派到维斯瓦河一艘被缴获的船上操作探照灯。船员们是一群混蛋！毫无热情，粗鲁、愚蠢 & 恶毒得令人难以置信！所以说，共同伟业必定让人高尚终究是不成立的。这样，即使最琐碎的工作也变成了徭役。真奇怪，人们怎么会把自己的工作变成一件令人憎恶的苦差事。考虑到我们的一切外部环境，这艘船上的工作本可以带来一段美好快乐的时光，可正相反！——恐怕不可能与这里的人交流（除了那个少尉，他看起来相当友善）。所以，谦卑地工作，看在上帝的分上不要迷失自己！！！！因为当一个人愿意将自己让与他人时，他最容易迷失自己。

① 原文是英语，意为“这让我振作了起来”。译者注。

1914年8月16日

在哥普拉纳号上。再一次：这群人的愚蠢、放肆&恶毒没有止境。每一个任务都成了折磨。但我今天又工作了&我不会屈服。今天给亲爱的大卫写了一张明信片。愿上天保佑他&为我维护他的友谊！——在维斯瓦河上航行本身是惬意的&我的心情很好。

1914年8月17日

一群混蛋！只有军官们是好人&有些真的很体面。只能睡在光秃秃的地板上&没有被子盖。我们现在在俄国境内。繁重的体力活让我完全没有了性欲。今天仍未工作。甲板上太冷&下面太多那类人，大喊大叫、臭气熏天，等等。

1914年8月18日

半夜1点被突然叫醒，中尉找我&让我马上去探照灯处。“不要穿衣服。”我几乎光着身子跑上了舰桥。空气冰冷、下着雨。我确定我这就要死了。启动探照灯&回来穿上衣服。虚惊一场。我紧张极了&大声地喘息。我感受到了战争的恐惧。现在（晚上）我已从惊恐中缓了过来。我会竭尽全力保全我的生命，除非我改变现在的想法。

1914年8月21日

少尉 & 我经常无所不聊；一个很讨人喜欢的人。他知道怎样对付那些最坏的无赖 & 体面地对他们保持友好。我们听某个中国人说话时，可能会把他讲的话当成口齿不清的漱口声。而懂汉语的人却能从中辨认出语言。同样，我常常不能从人身上辨认出“人”，等等。工作了一点点，但没有成果。难道我的工作就如此终结了吗？！！！鬼知道。难道我永远不会再有灵感了吗？对于我工作中的所有概念，我感到完全“陌生”。我什么都看不见！！！！

1914年8月22日

我们已经搁浅三天了。工作经常被打断，至今仍没有成果。仍然想不出什么实质性的东西。一切都化为泡影。加油干！！！

1914年8月25日

昨天是糟糕的一天。晚上探照灯出故障了。我去检修时，遭到了船员们大喊大叫的干扰。正当我想仔细检修时，排长把它从我手里夺了过去。我现在根本就写不下去。糟透了。我看清了一点：全部船员当中没有一个体面的家伙。以后我该怎么跟这帮人相处啊？我就该容忍他们吗？如果我不想这么做呢？那我就得在持续的抗争中生活。哪个更好呢？

第二种选择肯定会让我精疲力尽。第一种也许不会。前方是极艰难的一段日子，因为我现在的确又像当初在林茨中学[①]一样，被出卖 & 背叛。只有一点是必要的：能够审视发生在你身上的一切；集中心思！上帝帮助我！

1914年8月26日

我昨天决定不做任何抵抗。可以这么说，让外在的自我放轻松，以免内在的自我受干扰。

1914年8月29日

每晚我都在舰桥上值勤，直到大约凌晨3点半。我还没能执行我的决定，也即练习彻底的消极被动。战友们依然卑鄙得可怕。坚持忠于自己！每天都工作一点点，但仍没有像样的成果。尽管有些东西明朗了起来。

1914年9月2日

除了昨天，每晚都在探照灯处值岗。白天睡觉。

---

① 维特根斯坦十四岁以前一直接受在家教育；1903年他被送到奥地利皇家林茨实科中学（k.u.k. Realschule Linz），接受比文理中学更实用的非古典教育。所有资料显示，维特根斯坦始终感觉未能融入，他在日记里提到“在课堂上受苦”以及与同学关系不融洽。

这个岗位之所以让我舒服，是因为通过它，我更能避开同伴的恶毒。昨天，我们听说有一场大战役[①]已经打了五天。如果是决战该有多好！三周以来昨天第一次自慰。几乎半点性欲也没有。以前我总是幻想跟一个朋友聊天，而现在几乎没有了。每天都工作一丁点儿，但是太累，且心不在焉。昨天开始读托尔斯泰的《福音书摘要》[②]。一本极好的书。但它仍不是那个我所期待的东西。

1914年9月4日

行了（Es geht）！——要有勇气！——工作了很多。

1914年9月5日

我正在一条通向伟大发现的路上。但我会抵达那里吗？！比以前有性欲。今天又自慰了。外面冰冷＆狂风暴雨。我躺在地板的稻草上＆在一个小木

---

① 这里指与俄军在克拉斯尼克的一场战役，它是迫使哥普拉纳号撤回克拉科夫的一系列战役中的第一场。

② 一次偶然的机会，维特根斯坦在小镇塔诺——哥普拉纳号当时在那里做了短暂的停留——的一家小书店里发现并买了一本托尔斯泰的《福音书摘要》，这本书在后来的战争日子里成了他的“圣经”。托尔斯泰的福音书集合了《新约》四福音书，着重于《约翰福音》，删除了《新约》中对来世的提及，将神迹仅定位为隐喻，焦点集中在作为人的耶稣身上，教导人们要放弃肉身，从一切琐碎的现实挂念中解脱，只为灵而活。

箱上（价格 2.50 克朗）写作 & 阅读。

1914年9月6日

仍被大多数战友折磨。还是没找到令我满意的对付他们的方式。我仍未下定决心实行彻底的消极被动。也许那是愚蠢的；既然我在这群人面前无能为力。我抵抗的时候，是在无用地消耗我自己。

1914年9月8日

今早听说伦贝格[1]被俄军占领了。现在我知道我们完蛋了！过去的四天没有值夜岗，因为夜里很亮。每天都工作了不少 & 读了很多托尔斯泰的《福音书摘要》。

1914年9月10日

事情很多。尽管如此，还是工作了不少。没有具体成果，但没有陷入那种绝望的情绪里。

1914年9月12日

传来的消息越来越糟。今夜将会整装待命。我

---

① 今乌克兰境内的利沃夫（Lviv），奥地利人称之为伦贝格（Lemberg）。译者注。

它是一座古老的城市和文化中心，曾是奥匈帝国东部大省加利西亚的首府。一战后被划分给了波兰；二战后从属于苏联，1991 年成为新独立的乌克兰领土的一部分。佩洛夫注。

每天或多或少都有工作，颇有信心。我在脑海里不断地重复着托尔斯泰的话：“人的肉体是无力的，但借助灵，人可以获得自由。”愿这灵在我体内！下午少尉听到附近有枪声。我变得很紧张。我们有可能要进入战备状态。如果开火，我该怎么做？我不害怕被击毙，但我害怕不能像样地履行我的职责。愿主赐予我力量！阿门。阿门。阿门。

1914年9月13日

今天一大早，我们放弃了船和船上的所有东西。俄国人对我们紧追不舍。我目睹了可怕的场面。30个小时没有睡觉；感觉非常虚弱，看不到任何外在的希望。假如现在就是我的终结，但愿我好好地死去，铭记我自己。但愿永远不要迷失自己。

1914年9月15日

前天夜里可怕的场面：几乎所有人都酩酊烂醉。昨天又回到哥普拉纳号上，它驶入了杜纳耶茨河。昨天 & 前天未工作。试了，但是徒劳，这一切都在我脑子里变得陌生。俄国人对我们穷追不舍。我们与敌军近在咫尺。今天心情不错，又开始工作。现在我在削土豆的时候工作状态最好。我每次都自愿报名去。削土豆之于我，就好比磨镜片之于斯宾诺莎[1]。我与那名少尉的关系比之前冷淡了很多。要有勇气！

“守护神不抛弃他——”！[2]愿主与我同在！现在我将有机会成为一个体面的人，因为我直面死亡。愿灵照亮我。

1914年9月16日

夜里很平静。上午听到猛烈的炮火声 & 枪声。我们多半免不了战败。灵仍与我同在，但它会不会在最危急的时刻抛弃我？我希望不会！现在只能振作起来，勇敢起来！（晚上 9 点）暴雨。人的肉体是无力的，但借助灵可以获得自由。只能借助它。几乎没有工作。

1914年9月17日

今夜又平静地过去了。去值岗了。听说我们要沿维斯瓦河上行到克拉科夫。据说边境完全被哥萨

---

① 维特根斯坦在林茨中学读书时，第一次接触到 17 世纪伟大的荷兰道德哲学家斯宾诺莎，非常仰慕他。斯宾诺莎靠打磨光学镜片为生。

② 维特根斯坦此处引用了歌德著名的《浪游者的暴风雨之歌》（*Wandrer's Sturmlied*）中的第一句诗行，原文是“守护神，只要你不抛弃他”（Wem du nicht verlässest，Genius），它是一句祷告，祈求自然之神不要抛弃诗人。中文引自钱春绮的翻译。译者注。

克骑兵占领，所以我们恐怕要完蛋了。只有一件事情值得一提！少尉昨天早上离了船，今天中午还没回来。没有人知道我们该怎么办，甚至连买食物的钱都快没了：但我的精神仍不错，希望能保持下去。一直在想如何让自己坚持下去。

1914年9月18日

紧张不安的一夜。被派去探照，无时无刻不在担心探照灯熄灭。我们所处的位置十分不安全，如果灯灭了 & 出什么事，全部责任都将落到我的头上。结果虚惊一场；我完全没有作声 & 不得不听着中士如何试图在少尉面前诋毁我，仿佛我是个懦夫。这让我非常恼火。1—3 点值岗。睡得很少。昨天未工作。极难不去反抗恶。在空腹和睡眠不足的情况下去事奉灵是困难的。但如果我做不到，我又是什么呢？上级粗鲁 & 愚蠢，战友愚蠢 & 粗鲁（极个别人除外）。乘桨帆船驶向克拉科夫。白天平静地过去了，没有感到不适。工作了一点点。——

1914年9月19日

向克拉科夫航行。昨晚我被派到另一艘船上负责探照，一直工作到 11 点。夜里非常冷。我们不得不穿着靴子睡觉。睡得不好。我已经四天没有脱过衣服 & 鞋了。但这不重要。——不由得担心起我在克拉科夫会怎样。我知道我不该为此担心，但我感到很累，任何劳累都会让我担心。——！

1914年9月20日

是的，再重复一遍：极难不去反抗人的恶！因为恶总会带给人伤害。——俄军已经被赶出边境很远了，所以我们直到现在还没有被骚扰。

1914年9月21日

今早抵达克拉科夫。整夜都在探照灯处值勤。昨天工作了很多，但不抱很大希望，因为我缺乏正确的总览。昨天跟排长聊了聊，这让气氛稍微缓和了一些。今天有点抑郁：我已经厌倦了这一切紧张不安！没有收到维也纳的任何消息！今天收到妈妈寄来的一张明信片，写于8月20日。晚上听到一个非常令人沮丧的消息，我们的指挥官少尉被调走了。这个消息让我的情绪非常低落。尽管我无法确切地解释令我如此沮丧的直接原因，但我极为悲伤。尽管我借助灵获得了自由，但灵却离我而去！晚上有机会工作了一会儿，这让我感觉好了些。——。

1914年9月22日

上午去军营里领了钱，在上尉那里。他让我找人把一年制志愿兵的横杠缝上。置办了不少东西，回到船上，横杠引起了不小的轰动。收到不少信件 & 明信片，其中有费克尔[1]和约勒斯[2]的。未工作。——。

1914年9月23日

工作了一些。

1914年9月24日

工作了不少，但没什么希望。下午进城了。

1914年9月25日

工作了不少，但没什么真正的把握。我还是缺

---

① 路德维希·冯·费克尔（Ludwig von Ficker，1880—1967）是奥地利文学评论杂志《火炉》（*Der Brenner*）的主编，总社设在因斯布鲁克。1914 年一战爆发前不久，维特根斯坦向费克尔提供了十万克朗巨款（约合现在的十五万美元），用于分发给贫困诗人和艺术家，人选由费克尔决定：他们当中有特拉克尔、里尔克和阿道夫·鲁斯（Adolf Loos）。其实，维特根斯坦对当代诗歌和艺术知之甚少，提供这笔巨款或多或少是冲动之举，仅仅因为他曾在卡尔·克劳斯的《火炬》（*Die Fackel*）杂志上读到过有关费克尔及其杂志的文章，并且刚刚继承了 1913 年 1 月去世的父亲卡尔·维特根斯坦的巨额财产。

② 阿黛尔·约勒斯（Adele Jolles）是斯坦尼斯洛斯·约勒斯（Stanislaus Jolles，1857—1942）的妻子，后者是维特根斯坦 1906 至 1908 年在柏林夏洛滕堡工业高等学校的老师及导师。维特根斯坦在此期间寄宿在约勒斯夫妇家中，阿黛尔对他十分关心，后来经常写信给他。

乏那个总览，所以问题看起来杂乱无章。

1914年9月27日

昨天工作了不少，但没什么真正的成果。过去的几天又开始有些性欲。昨天往家里发了电报，询问家里的情况。

1914年9月28日

工作了一些。预计克拉科夫将被围攻。如果围攻来了，艰难的日子还在后头。愿灵赐予我力量！

1914年9月29日

今天早上一名下士因患了痢疾被送往医院。现在这里很多人都得了痢疾。一想到在这场战争中我还必将经历些什么，我就觉得很神奇。工作了，但没有成果。我还是看不清楚，缺乏总览。我看到了细节，但不知道如何把它们拼凑成整体。这也是为什么我觉得每一个新难题都是一个负担。清晰的总览则必将显明每一个难题都是主要难题，而且对主要问题的考察不会让研究枯竭，而是会加强它！晚上工作了，并非没有成果。要有勇气！——

1914年9月30日

今天夜里开始感觉不舒服（腹部＆头）。愿你的旨意成就！

1914年10月1日

昨天上午我不得不卧床，躺了一整天，因为我感觉非常不舒服。工作了不少，但没有成果。我们被告知明天撤离这艘船。我很好奇在我身上会发生什么。——！

1914年10月2日

工作了不少。并非完全没有成果。仍然不清楚他们会让我做什么，是否让我留在船上，等等，等等。

1914年10月3日

今天命令下来了，船上的所有老船员——四个人除外，其中包括我——必须离船。这没有让我感到不快。今天收到了家里寄来的一箱东西，有御寒的衣物、茶、面包干＆巧克力。就好像是亲爱的妈妈寄来的一样；但没有任何消息！妈妈不在了？所以没人给我发消息？？几乎没有工作。

1914年10月4日

昨晚还是工作了一些。今天收到妈妈寄给我的一张明信片，写于上个月9号。卡片上没写什么重要内容。我的工作在经历了短暂的顺畅之后，今天又陷入了阻碍。工作了很多，但没什么希望。据说过两天我们又要向俄国行进。新来的指挥官是位中尉，我不怎么喜欢他，尽管我只匆匆见过他一面。

1914年10月5日

今天收到凯恩斯[①]的一封信，信是经由挪威寄到本地团部的！他只是向我询问战后如何处置给约翰逊[②]的那份钱。这封信刺痛了我，因为从一个曾经关系很好的人那里收到一封纯事务性的信函是令人心痛的；尤其在这种时候。——刚收到妈妈本月 1 号寄出的明信片。一切安好！终于可以松口气了！——过去几天经常想起罗素。他还想着我吗？我们的相遇的确不寻常！在外部环境安定的时候，我们不会想到肉体的无力；但一想到危难时刻，人们便会意识到它。随之，人们便转向灵。——。

① 约翰·梅纳德·凯恩斯（John Maynard Keynes，1883—1946），英国著名经济学家，维特根斯坦在剑桥期间与他结为好友。一战期间，凯恩斯对作为敌方的维特根斯坦有些冷淡。然而，正是凯恩斯 1925 年邀请维特根斯坦回剑桥，并于 1929 年帮助他重返剑桥的。两人之间略微坎坷的友谊贯穿了维特根斯坦的一生。

② W.E. 约翰逊（W. E. Johnson，1858—1931），剑桥大学逻辑学家，维特根斯坦曾每年向他提供津贴，以减轻他的教学负担。

1914年10月6日

昨天工作了很多。人不能依赖偶然。无论有利的还是不利的偶然。昨天新指挥官上了船。——现在他们派照明部的人来船上把探照灯乱搞一气。别担心！！刚接到命令，向俄国挺进。所以事态又变得严峻起来！主与我同在！

1914年10月7日

整夜都在向俄国行进；几乎没有睡觉，在探照灯处值岗，等等。我们恐怕很快就会遭到攻击。圣灵与我同在。在什丘钦[①]这里，我们听说俄军距离我们还有 80 公里，但是有迹象表明，在这附近就有战火。我们停靠在维斯沃卡河口[②]（傍晚）。我冷得要命——从里到外。我有那样一种感觉：假如我能在行动开始之前再睡一次饱觉该有多好。——！感觉好些了。没怎么工作。我仍然不明白如何恪尽职守，只因它是我的职责所在，而我的整个人却留给精神生活。我可能在一个小时后死去，可能在两个小时后死去，可能在一个月后死去，也有可能好几年以后才死去；我无法知道 & 对此也无法左右：这就是人生。那么，我要如何活着才能存在于那一刻。活

---

① 波兰小镇什丘钦（Szczucin）位于维斯瓦河上。

② 维斯沃卡河（Wisloka）是维斯瓦河的一条支流。译者注。

在善 & 美之中，直到生命自行终结。

1914年10月8日

继续朝桑多梅日[1]的方向航行。夜里平静；我非常累 & 睡得很香。现在停靠在塔尔诺布热格[2] & 一个半小时后继续前往桑多梅日。可惜当我又累又冷时，很快就失去了忍受生活现状的勇气。但我努力不失掉勇气。——。每一刻的身体健康都是一种恩赐。

1914年10月9日

平静的一夜。远处炮火声不断。仍然停靠在塔尔诺布热格。不远处显然正在进行一场激烈的战斗，因为已经连续十二个多小时不断传来隆隆炮声；这批新船员比老船员好多了（更友好 & 更正派）。接到命令：全副武装到甲板上集合。主与我同在！——向桑多梅日挺进。听见连续不断的猛烈炮火声 & 看到榴弹爆炸。我的心情非常好。——！一整天都是最猛烈的炮击。工作了很多；我至少还欠缺一个基本思想。——。

---

① 桑多梅日（Sandomierz），波兰的一个古镇。译者注。

② 塔尔诺布热格（Tarnobrzeg），坐落在维斯瓦河东岸的一个波兰城市。译者注。

1914年10月10日

平静的一夜。早上炮击又开始继续。现在要向扎维霍斯特[①]挺进。停靠在纳布热齐[②]。我睡觉的地方刚好与指挥官的舱室一墙之隔，无意中听到了他与排长的谈话：我们要协助德军渡维斯瓦河。他说，我们预计不会遇上炮兵火力，而只会是步兵火力。工作了很多，但没有积极成果。似乎有一个想法几乎就在我嘴边。——！

1914年10月11日

平静的一夜。——现在总是随身带着托尔斯泰的《福音书摘要》，就像带着护身符一样。又偷听到我们的指挥官与另外一艘船的指挥官的对话：我们今天要继续待在纳布热齐，可能明天才下行。刚才偷听到安特卫普沦陷的消息！不知在什么地方，我们的部队打了一场大胜仗。我现在所享受的能够思考 & 工作的恩赐是难以形容的。我必须学会漠视外在生活的困难。我们今夜要去扎维霍斯特运送部队 & 物资；我们要奔向俄军阵地。主与我同在。——。

---

① 扎维霍斯特（Zawichost）距离桑多梅日约17公里。译者注。

② 纳布热齐（Nadbrzezie）是桑多梅日市的一部分。译者注。

1914年10月12日

没有去扎维霍斯特。平静的一夜。又在偷听——一名中尉&两名少尉与指挥官：他们还没有把握接下来要做什么，但我们有可能去扎维霍斯特。那位外来的中尉很有野心，一定要我们挺进前线。——我的内心有时漠视外在的命运，有时，当我厌倦了必须毫无自我意志地执行任何一项命令时，又渴望外在的自由&安宁。对不久的将来一无所知！简言之，有些时候我无法仅活在当下、为灵而活。对于生命中美好的时刻，人们应该像对待恩赐一样，感恩地去享受它，而其他时候则漠然处之。今天我与抑郁抗争了很久，然后时隔很久我又自慰了&最终写下了上面那句话。刚才听见，我们今夜要执行原计划昨天执行的任务。根本就没人提到我们要回克拉科夫。就在今夜！——！我们要用速射炮&机枪射击，不是为了击中敌人，而是为了制造噪音。我还听见说这样做会很危险。如果我被派去操作探照灯，那我肯定完蛋。但这不重要，因为只有一点是必要的！还有一个小时我们就出发。主与我同在！

1914年10月13日

11点半接到命令，我们不去或者暂时不去扎维霍斯特。所以，平静的一夜。刚才听说我们的舰队接到命令，要立即沿维斯瓦河下行。——。我们已经出发。我是灵＆所以我自由。我们停靠在洛比扎＆榴弹在我们头顶上呼啸而过。我们撤回到纳布热齐＆现在又接到新命令，返回上一个地点。整个下午都是最猛烈的炮击。我的心情一直非常好，像被炮火声麻醉了似的。晚上驶向桑多梅日，要在那里停靠一夜。——。工作了很多——。

1914年10月14日

平静的一夜。直到晚上都停靠在桑多梅日＆大概夜里也还要停在这里。工作了非常多，但不是很满意，因为又很难纵览全局。——。

1914年10月15日

平静的一夜。现在大概每一周半自慰一次。体力活干得很少，所以精神活动就相应多些；9点睡觉＆6点起床。几乎没有跟现在的指挥官说过话。但他或许并不太坏。一整天都停靠在桑多梅日＆夜里大概也会留在这里。工作了非常多＆并非没有信心。我感觉自己几乎就站在答案面前——。

1914年10月16日

早上8点出发去什丘钦取火炮。

1914年10月17日

昨天工作了非常多；结越缠越紧，我却找不到解开它的办法。我们傍晚停靠在巴拉努夫＆现在6点继续向什丘钦行进。——我会找到那救赎之念吗？它会出现吗？？！！——昨天＆今天自慰了。——晚上抵达什丘钦，夜里将在这里停靠。工作了非常多。这让我有些疲惫。积累了非常多的材料，却得不到整理。但我认为这种材料的涌入是个好兆头。要记住，能工作是多大的恩赐啊！——。

1914年10月18日

上午去采购。中午出发驶向塔尔诺布热格。下午5点抵达塔尔诺布热格。没怎么工作。傍晚一些军官上船来视察。我与其中一名军官交谈了起来，我的志愿兵徽章引起了他的注意。我们非常愉快地交谈了一个多小时。他很友善＆不愚蠢。他提议使用“你”[①]，这让我很开心。没怎么工作，但没关系！——夜里停靠在塔尔诺布热格。——。

1914年10月19日

早上驶向桑多梅日，现在仍停靠在这里。夜里

① 用德语称呼对方时，说话人需要在“Sie”（您）和“du”（你）之间作出选择。译者注。

又自慰了（一半在梦中）。这是因为我运动太少，几乎根本没有活动。下午又返回塔尔诺布热格。从昨天开始我的消化就不太好。——问题的答案呼之欲出！——傍晚又回到桑多梅日。我感觉不太好，对生活没有真正的渴望。——！工作了很多。——。

1914年10月20日

不舒服。工作了<u>非常</u>多。下午感觉好些。但我不太开心；思念大卫：如果至少能给他写信也好。但灵在我的内心对抗着我的抑郁。愿主与我同在。——。

1914年10月21日

听说我们又要回克拉科夫了；这不会令我不快。——。一整天都停靠在桑多梅日这里。工作了非常多 & 充满信心。晚上有点累 & 在这种状态下我很容易抑郁；但是，要有勇气！——

1914年10月22日

这附近的交战仍在继续。昨天遭到了猛烈的炮击。工作了很多。船停了一整天。——。

1914年10月23日

现在，上午，驶向塔尔诺布热格。<u>非常</u>勤奋地工作，但仍没有成果。晚上又回到桑多梅日。工作了非常多。

经常想大卫。我还会再见到他吗？——！——。

1914年10月24日

睡得不好。（运动太少！）我们的指挥官很平庸；傲慢、不友好 & 对待每个人都像对待自己的仆人一样。下午驶往塔尔诺布热格，夜里停靠在这里。工作了非常多，虽然仍没有成果，但充满信心。我现在开始围攻我的问题。——。

1914年10月25日

早上驶向桑多梅日。昨晚我们听到一条荒谬的消息，说是巴黎沦陷了。连我自己起初都很高兴，直到我意识到这则消息的不可靠。这种不可信的消息总是坏兆头。假如真有对我们有利的事情发生，那它会被通报 & 就不会有人臆想出这种荒唐事来。所以今天比往常更感受到我们——德意志种族[①]——

① 在这段经常被援引的段落中，国家身份被称作了“种族”（Rasse，race），这必然会令当代读者感到冒犯，但正如那个时期的其他文章所证实的，这种做法并不罕见。“种族”一词当时经常与“国家”互换使用，比如“法兰西种族”。此类说法直到纳粹分子开始称德意志人为“优等种族”，才从词汇表中剔除。二战后，这种用法则完全消失。维特根斯坦在此处坚称自己是“彻头彻尾的德意志人”，与其说这是真正的信念，不如说是一时的感慨：他战后没有悲叹奥地利战败（肯定也没有悲叹德国战败！），而是向英国寻求大部分的智性支持。

的处境的悲哀！！因为在我看来，我们无法与英国抗衡这件事几乎是肯定的：英格兰人——世上最优秀的种族——不可能输！但是我们可能＆会输，不是今年就是明年！我们的种族将会被打败，一想到这点我就极其沮丧，因为我是彻头彻尾的德意志人！

突然被俄军的炮火［……］

主与我同在！——刚才只是架俄军飞机。——，——工作了非常多。夜里停靠在塔尔诺布热格＆明天一早将前往什丘钦。中午时分，我的抑郁消失了——。

1914年10月26日

早上前往什丘钦。航行了一整天。头疼＆疲倦。尽管如此，工作了很多。——。

1914年10月27日

早上继续向什丘钦航行。工作了非常多。今夜轮到我值岗。——。

1914年10月28日

上午＆下午因为太疲倦几乎无力工作。几乎一夜没睡。大部分船员都酩酊大醉，这让我值勤时很不舒服。早晨驶向桑多梅日。途中一只桨轮坏了。我们只能由另一艘船拖到克拉科夫。在驶向克拉科夫的路上。今天收到很多信，包括保罗[①]受重伤 & 被俄国人囚禁的不幸消息——谢天谢地他被照料得很好。可怜，可怜的妈妈！！！——。——从费克尔 & 约勒斯那里也收到了亲切的消息。终于有挪威来的信了，信里德拉格尼[②]问我要 1000 克朗。可是钱能寄过去吗？毕竟挪威如今已加入敌对联盟了！！！[③]这也是一个极其可悲的事实。我总会不时想起可怜的保罗，他突然被剥夺了自己的职业生涯！多么可怕啊。需要怎样的哲学才能想通！假如除了自杀还能有别的办法的话！！——我工作不了太多，工作时却满怀信心。——。愿你的旨意成就。——。

1914年10月29日

在去克拉科夫的路上。中途停了下来，因为我们的拖船需要返回桑多梅日。等拖船回来。上午头疼、疲倦。时常想起保罗。工作了非常多。还在围攻我的问题，已经攻下了不少堡垒。现在我就像状态最

---

① 保罗·维特根斯坦（Paul Wittgenstein，1887—1961）是路德维希·维特根斯坦的哥哥。他战前是钢琴演奏家，在一战战场上失去了右臂。战后他重返钢琴演奏的舞台，托人编写可以单手弹奏的曲目。

② 哈瓦德·德拉格尼（Halvard Draegni）在挪威的小村子舒登（Skjolden）有一家工厂，维特根斯坦 1913 年租住在他家里。

③ 维特根斯坦在这里搞错了：挪威在一战期间保持中立。

好时一样看得清晰、冷静。如果这次我能在好的状态结束之前解决一切根本问题该多好！！！——。

1914年10月30日

我们今天收到一份德文报纸。没有好消息，其实就意味着坏消息！在这种念头的困扰下很难工作！尽管如此，下午也还是工作了。我在这里没有人能交流，这时常令我难受。但对一切暴力，我要抵抗到底。[①]

---

① 这最后一句话化用歌德的戏剧《莉拉》（1777 年）中的诗行："对一切暴力，能够抵抗到底，永远不投降，显示出坚强"。中文引自钱春绮的翻译。译者注。

笔记二

1914 年 10 月 30 日—1915 年 6 月 22 日

编者按

随着1914年冬天的来临，维特根斯坦经历了一个只能被称作“灵魂的黑夜”时期。在第二本笔记的开头几页里，他依旧努力工作，用战争语言来比喻自己的工作：“向问题绝望地猛攻！但我宁愿在这座堡垒前挥洒热血，也不愿空手而归。”或者：“只要城市尚未沦陷，你就不可能永远稳居其中一座堡垒。”攻克逻辑的谜团仿佛围攻一座城池。

哥普拉纳号计划11月初抵达克拉科夫，维特根斯坦急切地期待见到诗人格奥尔格·特拉克尔，后者当时是克拉科夫驻军医院的伤病员。一战前，维特根斯坦曾慷慨资助过一批诗人和艺术家，他们由《火炉》杂志的主编路德维希·冯·费克尔从贫困艺术家中选出，这之中，除了特拉克尔，还包括里尔克和建筑师阿道夫·鲁斯。尽管维特根斯坦从未见过特拉克尔，对当代诗歌也知之甚少，但不知何故，他视特拉克尔为自己的某种知音。然而，当他抵达克拉科夫前往医院时，却被告知这位诗人已于几天前去世。“这对我的打击极大，”维特根斯坦在笔记里写道，“太心痛了，太心痛了！！！”

在随后的几周里，他开始抑郁，因为他担心，在毫无意义的日常工作中，他正在失去自己的身份，自己的灵魂。“千万不要迷失自己！！！”他祈祷道。或者：“我看到我自己，那个我曾经感到安心的自己，如同一座令人向往的遥远岛屿，离我远去。”维特根斯坦正在读尼采的《反基督》，并写道：“他对基督教的敌意深深触动了我。因为他的著作总还是蕴含了一些真理。”维特根斯坦告诉自己：“那种生活［即无神的生活］毫无意义。”但是，有一个问题令他纠结：“但为何不过一种无意义的生活呢？它不值得吗？”尽管他勉强提醒自己，他与尼采不同，要“时刻意识到灵的存在”，但我们可以看出他仍存疑虑。

12 月 4 日，维特根斯坦终于盼来了他期待已久的调动。他离开哥普拉纳号，被分配到了克拉科夫的炮兵车间，在那里，他的文书工作主要是清点在用车辆。他现在有了自己的房间，有时还被邀请到军官餐厅用餐。这些特权本应让维特根斯坦的心情好转，但事实证明，当一切一帆风顺时，他却变得内向和消沉，而当他必须忍受炮火和死亡的威胁时，他却能振奋起来。

新年的时候，他被告知指挥官古尔特中尉想带他一起去维也纳出趟差。人们本以为维特根斯坦会高兴收到这样一份邀请，但在某种程度上他并没有。到了维也纳，他只与自己的家人待了一天，与世交钢琴家约瑟夫·拉博（Josef Labor）待了两个下午。其他时间他大概都与古尔特待在一起，除了在默德林（Mödling）“与一个叫罗特的上尉吃了饭，他令我极其反感”，我们不知道两人是如何度过这段时间的。1月2日，维特根斯坦隐晦地写道：“我希望记录下来的是，我现在的道德水平比复活节时还要低得多。”

这里也许暗示某种暧昧的关系，但维特根斯坦从未明确澄清过。回到克拉科夫以后，他无法做任何工作，并经常提到自己在车间里“不尽如人意”的处境：“必须做点什么。——我不得不生很多气 & 受很多委屈，精神内耗。又性欲很强 & 几乎每天自慰：不能这样继续下去。——”

怎样继续下去？维特根斯坦记录自己经常去浴场或者城里的一家咖啡馆，但他从未透露过更多信息，即使在他自己的私人日记里。2月11日，他写道：“我现在与一名军官——候补军官亚当——的关系十分紧张。我们之间可能会迎来一场决斗。”我们再也没有听他提起过这场决斗；随后的笔记里暗示的全是抑郁：“未工作。心情沮丧。性欲很强。我感到孤独。……我缺乏必胜的勇气和大胆希望的豪迈。”（1915 年 2 月 27 日）然后又来了句警示：“千万不要迷失你自己！！——。——。”大卫的一封“可爱的信”给了他一丝喘息的机会，但好景不长。4 月 22 日，维特根斯坦被提拔为整个炮兵车间的负责人，但晋升并没有让他高兴起来。“未工作”成了他笔记里的单调旋律。在长达四个月的时间里，哲学手稿陷入了停滞。

然后突然，情况发生了变化：4 月 24 日的笔记内容是“我在工作”，此后不久，我们在 5 月 23 日的右手页上看到了那条对维特根斯坦后期思想至关重要的格言：“我的语言的界限意味着我的世界的界限。”现在，当他发现自己的思维打开了，他的关注点便不再是完善逻辑本身，而是更宏大的人生问题。6 月 1 日的右手页上写着：

> 我写的一切都围绕着一个大问题：世界上有一种先验的（a priori）秩序吗？如果有，它由什么构成？
>
> 你望着一团迷雾，可以让自己相信，目标已经近在眼前。可是当迷雾散去，目标仍未见！

虽然仍未见，但不远了。这是一个转折点。

笔记本第二册，手稿第102号

1914年10月30日—1915年6月22日

1914年10月30日

（晚上）刚收到一些友好的信件。弗雷格寄来一张非常亲切的明信片！有一张是来自特拉克尔 & 费克尔的！还有妈妈、克拉拉[①]、克林根伯格夫人的。这让我很开心。

工作了很多。——。

1914年10月31日

今天早上继续驶向克拉科夫。工作了一整天。向问题绝望地猛攻！但我宁愿在这座堡垒前挥洒热血，也不愿空手而归。最大的难关是守住已攻克的诸堡垒，直到能稳坐其中。只要城市尚未沦陷，你就不可能永远稳居其中一座堡垒。——。

今夜我值勤，可惜已被高强度的工作搞得非常疲惫。我的工作仍没有成果！要有勇气！——。今夜停靠在什丘钦。——。

1914年11月1日

上午继续驶向克拉科夫。夜里值勤时工作了，今天也工作了很多，仍无成果。但我并不气馁，因为我始终关注主要问题。——。特拉克尔在克拉科

① 克拉拉（Clara Hedwig Emma Wittgenstein，1850—1935），维特根斯坦的姑妈。译者注。

夫的驻军医院里，请我前去见一面。我多想认识他啊！等我到了克拉科夫，希望能见到他！这或许对我会是一大激励。——。

1914年11月2日

早上继续驶向克拉科夫。又多了些性欲。傍晚的时候船又搁浅了。寒冷刺骨。值得庆幸的是，人拥有自己 & 永远可以逃向自己。工作了很多。工作的恩赐！！——。

1914年11月3日

早上继续驶向克拉科夫。听说俄军又挺进了，距离奥帕托维茨 20 公里；我们距离那里 10 公里。——。靠近克拉科夫以后我会怎样？！？几乎工作了一整天。——。可能今夜会航行。听见炮火声 & 看到火光。——！——。

1914年11月4日

平静的夜晚。早上继续航行。工作了很多。明天应该就到克拉科夫了。听说克拉科夫可能要被围攻。那我将需要很大的气力去守护灵。——。不要依赖外部世界，这样你就不必恐惧那里发生的事情。今夜值岗。独立于事物比独立于人容易。但你也得能做到这一点才行！——。

1914年11月5日

早上继续驶向克拉科夫，应该傍晚时分就能抵达。我急切地想知道是否能见到特拉克尔。我真心希望如此。我非常怀念有人能跟我交流的日子。没有这种人，生活也得过。但若有，则会大大鼓舞我。一整天都有些疲惫 & 容易抑郁。没有工作很多。

抵达克拉科夫。已经太晚，今天不能去见特拉克尔了。——愿灵赐予我力量。——

1914年11月6日

早上进城去驻军医院。在那里得知特拉克尔几天前已亡故！① 这对我的打击极大。太心痛了，太心痛了！！！我立即写信通知费克尔。采购完物品 & 六点左右回到船上。未工作。可怜的特拉克尔！——！愿你的旨意成就。——

1914年11月7日

昨晚 9 点突然接到命令，让我到另一艘船上探照。于是起床，一直探照到凌晨 3 点半。精疲力尽。

---

① 特拉克尔此前在克拉科夫的驻军医院，费克尔曾安排他与维特根斯坦见面。年仅 27 岁的特拉克尔在维特根斯坦到来之前几天去世，死因据说是心脏病发作，但更有可能是药物过量。

下午进城采购。克拉科夫[1]被围攻已成定局。我要争取离开这艘船。未工作。我渴望见到一个正派的人，因为我在这里被不正派所包围。愿圣灵不离弃我，愿它在我心中更加坚定。——。

1914年11月8日

没有多少心情工作。阅读了很多。今夜值岗。几乎未工作。开始有点担心我的未来。——。

1914年11月9日

刚才无意间听见我们的指挥官与另一名军官的交谈：多么无耻的声音啊。世上的一切丑恶从他们嘴里吱嘎 & 叽喳出来。触目所及皆卑鄙。目之所及，毫无恻隐之心！！！——

收到保罗伯父[2]一张非常亲切的明信片。这样一张明信片本应令我精神焕发 & 鼓舞我，但最近几天我一直很容易抑郁！！我对什么都提不起精神来。我对未来充满恐惧！因为我的内心不再平静。我周

---

① 1914 年的克拉科夫（现属于波兰）是一座拥有 15 万人口的繁华城市，拥有维也纳建筑师设计的优美建筑、现代化有轨电车系统以及一流的剧院与音乐厅。

② 保罗·维特根斯坦（1842—1928）是维特根斯坦的伯父，1918 年版的《逻辑哲学论》就是献给了他和已逝的大卫·品生特。1922 年版则献给了大卫·品生特和伯特兰·罗素。

围的任何不体面——而这总在发生——都会在内心最深处刺痛我，旧伤尚未痊愈，新伤接踵而来！即使像今晚，我并没有沮丧，但我仍没有真正感受到自由。我几乎没有兴致工作 & 即使有，也只是暂时的。因为我无法达到一种舒服的状态。我感到自己依赖于这个世界 & 因此即使眼下没有坏事发生在我身上，我也必然惧怕它。我看到我自己，那个我曾经感到安心的自己，如同一座令人向往的遥远岛屿，离我远去。——俄军正在向克拉科夫快速挺进。所有平民必须撤离。我们的情况看起来很糟！愿主与我同在！！！工作了一点点。

1914年11月10日

工作又开始多起来了。心情好了起来。今天得知我可以经由瑞士往英国写信，明天第一件事就是给大卫 & 也许还有罗素写信。或者也许今天就写。——希望工作现在能好起来！——！！

1914年11月11日

收到费克尔一封友好的来信。工作了相当多。我们已经能听到要塞那边传来的炮声了！给大卫寄出一封信。我是多么频繁地想起他啊！他对我的思念有一半这么多吗？（？）

今天心情好了些。——！

1914年11月12日

千万不要迷失自己！！！振作起来！不要为了打发时间而工作，而是要虔诚地为了活着而工作！不要对任何人不公！——有传言称围攻将持续6—7个月！所有店铺都关门了&只营业很短的时间。事态越严峻，士官们就变得越粗鲁。因为他们觉得，现在他们可以肆无忌惮地胡作非为，因为军官们现在都仓皇失措&往好里讲，不再能掌控一切。我现在听到的每一个字都是粗鲁的。因为体面已变得一文不值，而人们也放弃了他们仅有的那一丁点儿正派。这一切悲哀至极。

下午进城了。工作了相当多，但仍没有清晰的视野！我还能不能继续工作下去？（！）帷幕已落下了吗？那将会很神奇，因为我正陷入一个问题的困境，一个围攻的困境。——。——！

1914年11月13日

整个早上我都在徒劳地努力试图工作。清晰的视野总也不愿出现。我对自己的人生思考了很多，这也是我无法工作的原因。还是反之？我现在相信，我还是没有把自己同船上的其他人隔绝开来。我无法与他们交往，因为我缺少为此所需的某种卑鄙。然而令人费解的是，这种隔绝于我而言却不容易。

并不是说他们中的某个人对我有丝毫的吸引力。但与人和气交往的习惯却如此根深蒂固!

今夜值勤。我现在每天晚上都去一家咖啡馆 & 喝两杯咖啡; & 优雅的环境对我是有益的。<u>没怎么</u>工作! ——! 愿主赐予我理性 & 力量! ! ! ——。

1914年11月14日

夜里值岗时几乎所有时间都在为我的生活制订规划,让它大概还能过得去。无缘无故地抑郁起来,即,我甚至对生活半点热情都没有。传到我耳朵里的每一个响亮的字眼都让我痛苦。无缘无故! ! ——今夜也是在值岗时工作的。——

我还能安静地坐在我的舱房里,这应当被视为<u>恩赐</u> & 这让我还能有喘息的机会。——工作了很少一点。白天很疲倦,可惜现在经常如此! 下午严重的抑郁消失了,但因为太累,无法工作。晚上照常出去。——!

1914年11月15日

现在开始读爱默生的随笔集[①]。或许它对我会有

---

① 拉尔夫·沃尔多·爱默生(Ralph Waldo Emerson, 1803—1882)。维特根斯坦可能通过歌德的著作和关于歌德的文章接触到爱默生的超验论,如《超灵》等文章。

积极的影响。工作了相当多。——。

1914年11月16日

冬天来了。——昨天收到费克尔寄来的一张亲切的明信片。然后有传言说船员们都得离开这里，因为船只在冬天无法使用。

那我怎么办？从要塞那边传来猛烈的炮声。没怎么工作。晚上在城里。我的视野又不清晰了，尽管我显然就站在最深刻问题的答案面前，它就在我的眼皮底下！！！可我的精神就是看不见它！我感觉自己站在它门口，但就是看不清楚，所以打不开它。这是一种异常奇妙的状态，我从未像现在这样清楚地感受到。——！——！

1914年11月17日

不对这里的人发怒太难了！容忍太难了！上午有各种事情需要处理 & 没有机会工作。每当我干活时与这里的人打交道，他们的卑劣总让我感到如此可怕，以至怒火在我胸中快要压制不住 & 爆发了。我一次又一次地下决心要冷静容忍 & 却一次又一次地没有兑现。我其实自己也不知道这究竟是怎么回事。与人共事 & 但又不与他们有任何关系，这是一件非常困难的事。你不得不一再跟他们说话，问他们一些问题，他们的回答无礼 & 差劲——仅忍受这一点就需要耗费多少气力啊——可你需要他们的回答。指令不明确，等等，等等，等等。而神经反正早就毁掉了。如果你不懂得如何让自己过得轻松，活着就很难。下午我陷入了严重的抑郁。它像一块石头一样压在我的胸口。每一个任务都成了难以承受的负担。傍晚时分，不适渐渐消退。我的灵魂又恢复了一些勇气。几乎未工作。白天——现在经常如此——我没心情工作，只有到了晚上，内心才足够平静！这是因为晚上我期待睡眠吗？——是的，今天的抑郁太可怕了！！！——。

1914年11月18日

要塞那边传来猛烈的枪炮声。据说我们过几天又要起航。我们的指挥官走了&莫雷中尉接替他。这让我很高兴。我们听见机枪的射击声。一整天都从要塞传来猛烈的枪声。——工作了相当多。心情不错。我在考虑把自己从这里调走，但又还没想清楚。我的工作陷入了停滞，因为我又需要一个重要灵感才能推进工作。——。

1914年11月19日

下雪了。早上情绪低落，现在经常如此。整个上午都在船上作业。据说下午会有一位将军来访。所以大家现在就开始骚动不安起来。傍晚时分工作了一点点。克拉科夫又有激战。——。

1914年11月20日

猛烈的炮击。——。工作了一点点。夜里值岗。下午去看了眼科大夫，因为我的视力不好，影响到我在夜里值岗。会佩戴眼镜。我的未来仍很渺茫。也许我明天会去找我们的指挥官，谈一谈我该怎么办。——

1914年11月21日

炮击持续不断。天气极冷。要塞那边的枪炮声几乎不间断。工作了相当多。可我仍旧说不出那句救赎之言。我围绕着它转 & 触手可及，可我就是抓不住它！！对我的未来仍然有些担忧，因为我的内心不能完全平静下来！——！——。

1914年11月22日

冷得要命！维斯瓦河上浮着冰。持续不断的隆隆炮火声。没有什么灵感 & 很疲惫，所以没怎么工作。没有说出那句救赎之言。昨天它都到我嘴边了。但又溜了回去——。心情一般。我想赶紧去睡觉。——。

1914年11月22日

此刻我又在试图表达一些无法表达的东西。[①]

1914年11月23日

炮火声不断。——刚才听说来了一封电报："停止水路运输。"所以需要尽快决定如何处置我们。——我现在的每一天都是在阅读和少量工作中度过的，当然这样我就总是独自待在我的舱房里。每隔四或五天值一次岗；到处削削土豆、搬搬煤之类的。除值岗外，我没有任何固定的工作（探照灯已经有一个半月没怎么用了）。所以我感觉自己在大家面前像个懒虫，即使有一大把空闲时间，也得不到真正的安宁，因为我觉得该在船上做点事，但又不知道做什么。于我而言，最好有一份我可以轻松 & 稳当驾驭的固定工作。因为做一份没有能力应付的工作是最糟糕的。今天我要试着找我们的指挥官，谈谈调动的可能。去找他了 & 我可以期望被调离这里。工作了相当多，但仍没有成果。晚上在浴场。——。

---

① 这句话出自《1914—1916年笔记》的右手页，即哲学笔记部分。（参见译序和导言中的说明。）下文的楷体字部分均为右手页的哲学笔记，在德英对照版中以斜体排印。译者注。

1914年11月24日

严寒！维斯瓦河完全被浮冰覆盖。今天进港了。假如我已经离开这里了该多好！这里永远弥漫着混乱 & 没有人知道该做什么。士官们越来越卑劣 & 然后一传十 & 最后变得愈发厚颜无耻。当然也有例外。今夜值岗。没有值岗。[①]工作了很多。缺席的认识一再来到我嘴边。这是好的。费克尔今天给我寄来可怜的特拉克尔的诗，尽管我不懂，但我认为它们很伟大。这些诗让我受益。愿主与我同在！——。

1914年11月25日

从昨天下午开始一直停靠在港口。船上的厕所关闭了！要走很长一段路才能到一个半敞开的茅厕。非常寒冷。生活条件变得越来越难以忍受。没怎么工作。只想离开这里！——。

1914年11月26日

如果你感到被某个问题卡住了，那么不要继续思考它，否则你会被粘住。反之，你应该从别的、你感到自在的地方开始思考。千万别硬来！难题都应当全部在我们面前自行解开。

猛烈的炮火声。

---

① 原文如此。估计是计划有变，原定的值勤取消了。译者注。

无论我做什么，问题总像乌云一样聚集成一团，我无法提出一个始终令人满意的面对它们的见解。工作了非常多，但仍无法消除这个困局。情况是，无论我在哪里思考，总会碰上我无法解答的问题。今天感觉我的才思似乎已经枯竭。整个对象似乎又离我远去。的确：我的 3—4 个月就这样过去了。可惜没有任何真正伟大的成果！但我们拭目以待。——现在据说我们要搬进冬营地，若如此，我可能就要跟所有人睡在一起；愿上帝免了我这件事！！

无论如何，不想丢掉沉着冷静！愿主与我同在。——。

1914年11月27日

今天值岗。——。

1914年11月28日

昨天工作了很多。昨天中午到今天中午跟 7 个人一起待在卫兵室 & 值岗。感觉——特别是今天——非常不开心。想方设法争取调动。我相信，除非有奇迹发生在我身上，给予我比现在更多的力量 & 智慧，否则，我必将在这群飞扬跋扈、野蛮 & 卑鄙的人中间悲惨地死掉！是的，要有奇迹发生，我才能活下去！害怕我的未来。没怎么工作。奇迹！奇迹！——。

1914年11月29日

工作了相当多。——。

1914年11月30日

清早在军团司令部。跟指挥官谈了我的事情：如果我被调动，就得先回基地。假如我们搬进冬营地，他保证我独自一间屋。但是，探照灯近期会被重新启用 & 所以他认为我还是应当留在这里。——我晚上从城里回来时，这里很嘈杂，因为有一艘船要从这里出发。也有传言说，探照灯要跟那艘船一起走。——。这会令我相当为难。假如这样，我们的计划随时都有可能被打乱 & 我要找到另外一个立足点才能活下去。——今天下午去了基地 & 跟一名弹药师聊了聊我是否有机会调到侦察气球分队去。他说我应该去找气球分队的一个名叫弗尔切克的弹药师谈谈此事。希望我能去找他！——工作了不多，但并非没有灵感。又开始有些性欲。

只为自己的灵而活！一切都交给主吧！——。

1914年12月1日

都已经12月了！可依然没有和平可言！[①]夜里枪声猛烈，大家听到炮弹呼啸而过——昨晚有一艘船沿维斯瓦河下行，船上每天更换船员值岗，比如，明天将轮到我们！我的情况会怎样呢？！跟这帮战友&这些上级！——。下午去找弹药师弗尔切克，没有找到他。我被告知去炮兵参谋部找他。大概后天值完岗去那里。工作了非常少。愿圣灵保佑我，无论发生什么！——。

1914年12月2日

今天中午我们去值岗。谢天谢地，我们的指挥官随行，所以至少有一个体面的人在。夜里从要塞传来可怕的炮声。现在早上8点炮声又开始了。今夜我们不得不露宿。我大概不会有机会工作；千万不要忘记主。——。

1914年12月3日

未工作，但经历了很多，但我现在太累，不想记录了。——。

---

① 到1914年12月，交战双方都清楚地意识到，原本预计仅持续数周、顶多几个月的战争，将会持续很久。

1914年12月4日

前天值岗时没有特别的事情发生，只是我在奔跑时摔了一跤，今天走路还一瘸一拐。极其猛烈的炮火声从四面八方轰鸣而来。枪击、火光等。昨晚因我的事去了趟要塞指挥部。一名中尉听说我学过数学，就让我到他那里（一个工场）去。他看上去十分友好。我同意了，今天被准许调离此船。我充满希望。——枪声就在耳旁。下午在城里。没怎么工作。由于昨晚也没睡好，一整天都有点困。早点上床睡觉！——。

1914年12月5日

明后天我就要离开这里。还不确定我会住在哪里。无论如何我都不想受这种事情摆布。工作得不多，但我并未停滞不前。经常想念亲爱的大卫！愿主保佑他！和我！

1914年12月6日

夜里炮火逼近，连船都被震晃了。工作了很多＆有成果。仍没有收到关于我何时离船的通知。明天我们这艘船又要担负警戒任务＆假如明天我还没被调离，就只能跟着它去，这令我非常为难，因为我的腿还没有从摔的那一跤中恢复。下着雨＆这里的土路非常难走。愿灵保佑我！——

1914年12月7日

腿伤恶化了。恐怕不会跟着去值岗。至于我的调动，仍没来通知。附近有猛烈的炮火声。——刚得知我明天将离开这里。因为腿伤，不能值岗。工作得不多。跟我们的指挥官谈了话，他很友好。累了。一切均掌握在上帝的手中。

1914年12月8日

因为我的腿，上午去了“伤病员诊所”：肌肉扭伤。没怎么工作。买了尼采第八卷[①] & 阅读。他对基督教的敌意深深触动了我。因为他的著作总还是蕴含了一些真理。诚然，基督教是通往幸福的唯一可靠的途径；但如果有人鄙视这种幸福呢？！在与外部世界无望的斗争中悲惨地毁灭，会不会更好？但那种生活毫无意义。但为何不过一种无意义的生活呢？它不值得吗？——它如何与严格的唯我论立场兼容？但我该如何做才能不枉此生呢？我要时刻意识到它——时刻意识到灵的存在。——。

---

① 弗里德里希·尼采对青年维特根斯坦影响重大。这里提到的莱比锡版《尼采文集》第八卷，除去其他文章，还包括《反基督》——它是计划成书的《权力意志》的第一部。该卷还收录了《瓦格纳事件》《偶像的黄昏》《尼采反对瓦格纳》和尼采的诗歌。

1914年12月9日

上午在军团司令部 & 领了我的餐票。未工作。经历了很多，但是太累没有记录。——。

1914年12月10日

昨天下午去办公室见了我的新上司。等了他很久。最后他终于来了 & 立刻给了我一份工作，让我整理出一份此地军营里机动车辆的清单。同时，他还邀请我晚上 8 点去他的寓所：他说一位上尉也会去，他向他提起了我 & 此人想见我。到了他那里 & 发现有四名军官在，我同他们共进了晚餐。那名上尉是个非常讨人喜欢的人（其他人也都非常友善）。我们一直聊到 10 点半 & 无比亲切地告了别。——今早找房子 & 找到了。从 10 点到下午 5 点都在办公室里，然后把我的东西从船上搬到了新住处：一个很可爱且不小的房间。

四个月以来第一次单独住一个真正的房间！！我享受这份奢侈：没能工作。但是现在会好起来的。由于到处跑来跑去，所以很累。又能在床上睡觉了，这是怎样的恩赐啊！这是怎样的幸事啊。——。

1914年12月11日

上午在办公室 & 写文书。未工作。一整天都在办公室。中尉特别和蔼。未工作。

1914年12月12日

工作了一点点。一整天都在办公室，但没有太多事情可做。希望明天能多工作。洗澡了。——。

1914年12月13日

一整天都在办公室。我的思想失去了活力。腿部肌肉酸痛 & 仿佛大脑也跟着瘸了。但还是工作了一些。仍然没有大卫的消息！他收到我的信了吗？他对这场战争比我更感情用事吗？！——唯有圣灵永存！它是安全的避风港，远离现实这片凄惨无边的灰色汪洋。

1914年12月14日

一整天都在办公室。未工作。但会好起来的。收到约勒斯夫妇的亲切来信。——。

1914年12月15日

一整天都在办公室。工作了一点点。但我的思绪就像在火车上或在轮船上时一样，思想迟钝。

1914年12月16日

一整天都在办公室。听说我们可能将很快迁往罗兹！工作了一些，但没有真正的兴致。

1914年12月17日

一整天都在办公室。未工作。生了很多气。——自由时间非常少。——。

1914年12月18日

照常。未工作。

1914年12月19日

工作了一点点。——。

1914年12月20日

工作了一点点。在办公室一直待到将近5点，然后进城。当你有心情享受孤独时，在大冷天里走上一小段路的惬意感就会直透脊背。——。

1914年12月21日

大卫来信了！！我吻了它。立刻回了信。工作了一点点。——。

1914年12月22日

未工作。直到6点都在办公室。——。工作了很少一点。晚上洗澡了。——。

1914年12月24日

今天，出乎我的意料，我被晋升为军事官员[1]——不带星。未工作。——。

1914年12月25日

在军官食堂吃了午饭。工作了一些。

1914年12月26日

几乎未工作。下午结识了一名青年，他原来是伦贝格大学的学生 & 现在在这里开车。晚上和他一起在咖啡馆里 & 畅聊。——。

1914年12月27日

直到晚上 9 点半都在办公室。未工作。被任命为古尔特中尉的副官。——。

1914年12月28日

直到晚上 10 点都在办公室。未工作。有很多事务要做。——。

---

① Militärbeamter 是一种文职官员，不授予军衔，被委派中尉助理之类的特殊任务。

1914年12月29日

工作了一丁点。其他事务很多。晚上浴场。

1914年12月30日

未工作。千万不要迷失自己。——。

1915年1月2日

前天下午突然获知，我要陪我们的指挥官立即去趟维也纳。昨天早晨我们抵达维也纳。妈妈自然惊喜万分。等等。昨天未工作，只是陪了家人。今天上午采购。现在在等古尔特吃午饭，跟他有公干。我希望记录下来的是，我现在的道德水平比复活节时还要低得多。

1915年1月3日

昨天下午陪古尔特去了趟克罗斯特新堡[①]。然后在家里陪妈妈。

1915年1月6日

维也纳。明天返回。大前天 & 前天去探望了拉

① 克罗斯特新堡（Klosterneuburg）是一座拥有著名修道院的小镇，距离维也纳约十英里。

博[1]。昨天陪古尔特去了趟维也纳新城，返程时在默德林与一个叫罗特的上尉吃了饭，他令我极其反感。所以一吃完饭，我就独自乘火车返回了维也纳。

1915年1月10日

今天深夜抵达克拉科夫。很疲倦！

与古尔特度过了许多愉快的时光。我对将来的生活充满好奇。——。

1915年1月11日

收到弗雷格的明信片！工作了一点点。

1915年1月12日

工作了一些。——。

1915年1月13日

工作了一些。工作时还是没有太多兴致。我的思想累了。我看事物不再新鲜，而只是日常地、毫无生气地看。仿佛一簇火焰熄灭了 & 我只能等待，等它自己再燃起来。我的精神却生机勃勃：我

① 约瑟夫·拉博（Josef Labor，1842—1924），奥地利作曲家、管风琴演奏家、音乐老师，先天性失明。他得到维特根斯坦家族的追捧，经常被邀请去家里演奏，同时还是维特根斯坦家族子女的音乐老师。

想……——。

1915年1月14日

工作了一点点；还不够好。经常想大卫。渴望他的来信。

1915年1月15日

工作了一些；提起了兴致。晚上洗澡了。

1915年1月16日

工作了更多 & 兴致勃勃。现在为部队做的事情很少，这让我很舒服。还是没有大卫的消息。过去的几周多了些性欲。——。

1915年1月17日

又工作了。——。

1915年1月18日

几乎未工作。感觉无精打采 & 毫无兴致。但会好起来的。——。——。

1915年1月19日

工作了非常少。在这方面毫无生气。不要逼自己做任何事情！！！何时才能收到大卫的消息？！——。

1915年1月20日

未工作；但这种静止就好似消除疲倦的睡眠。

1915年1月20日

……*救赎之言——？*

1915年1月21日

工作了一些。寄走了写给大卫的信。我把信直接交给了这里总邮局的审查员，他人很好。

1915年1月22日

工作了。

1915年1月23日

工作了一些。现在因为我的隐衷而陷入麻烦。要主宰你自己！——。

1915年1月24日

工作了一些——。

1915年1月25日

收到凯恩斯的来信！不怎么亲切[①]。过去几天性欲非常强。——工作没有成果。我很迷茫，我的工作将如何继续。只有依靠奇迹，它才能成功。只有等我眼前的面纱从外头被掀开。我只能完全听任命运的摆布。命运既已注定，就随它去吧。我生活在命运的手心里。（千万不要变渺小。）这样我不会变渺小。——。

1915年1月26日

收到阿尼[②]亲切的明信片。工作了一点点，但没有成果。

---

① 凯恩斯在信里的讽刺语气多于慰藉。比如他写道："我希望此刻你已安全当了俘虏。罗素和我暂时放弃了哲学——我将为政府提供财政方面的服务，他将为和平游说。"（参见蒙克：《维特根斯坦传：天才之为责任》）

② 阿尼·博尔斯塔德（Arne Bolstad）是来自挪威舒登的一个乡村少年，维特根斯坦 1913 年第一次去舒登时结识了他。1919 年，维特根斯坦以为自己永远也不会再回舒登，便把他在山上的简陋小木屋转让给了博尔斯塔德。但他后来改变了主意，并于 1921 年、1936—1937 年以及 1950 年回到了舒登小屋，尽管他不再是屋子的正式主人。1951 年维特根斯坦去世以后，博尔斯塔德把山上的小木屋拆了，并在村子里重建了一座，作为他简单的家。这座小屋后来被修复为维特根斯坦纪念馆，并于 2019 年重新开放，供游人参观。

1915年1月27日

未工作。晚上跟许多军官一起在咖啡馆。他们的举止大都像猪一样。就连我自己也没有必要地多喝了一点。

1915年1月28日

未工作，这对我来说——对工作来说——是有益的。性欲很强，这很奇怪，因为我现在运动不少。睡眠不好。

1915年1月29日

几乎未工作。

1915年1月30日

未工作。不得不经常为我的外在处境而恼火 & 在这件事上可能要很快迈出关键的一步。——。

1915年1月31日

未工作。——。

1915年2月1日

未工作。在朔尔茨上尉的军官食堂里用了午餐，那里很舒服。——。

1915年2月1日

只工作了一点点。——

1915年2月3日

未工作。没有灵感。现在我要接管我们的锻造车间。怎么办啊？愿圣灵保佑我！这会很难，但是：要有勇气！——。——。

1915年2月5日

未工作。现在经常待在锻造车间。——。

1915年2月6日

收到大卫可爱的信（1月14号写的）。

1915年2月7日

未工作。——！——。

1915年2月8日

收到费克尔寄来的特拉克尔遗作。大概很好。——有性欲。现在我根本没有机会工作。——。

1915年2月9日

未工作。——。

1915年2月10日

未工作。收到费克尔友好的来信。还有里尔克的献词[①]。假如我能继续工作该多好！！！其他一切将顺其自然。我何时才又会有灵感？？！这一切都掌握在上帝的手中。只能希望和期待！这样你就不会浪费时间——。

1915年2月11日

未工作。——我现在与一名军官——候补军官亚当——的关系十分紧张。我们之间可能会迎来一场决斗。所以还是遵循自己的良心 & 好好生活吧。愿灵与我同在！现在与任何将来！——。

1915年2月13日

未工作。愿灵与我同在。——。

---

① 1915 年 2 月 13 日，维特根斯坦致信费克尔，感谢费克尔寄来的多位艺术家和诗人因接受他的经济资助而写的感谢信，参见本章编者按。维特根斯坦认为这些致谢信绝大多数都无聊乏味、令人生厌，但里尔克的除外："里尔克写给你的信深深打动了我，并令我深感欣慰。任何高贵之人的关爱都为我不稳定的生活提供了一种支撑。我完全配不上这份美好的礼物。"（参见维特根斯坦：《通信集》，第 70 页）

1915年2月15日

昨天工作了一些。现在我没有一天不在想逻辑，哪怕只是一闪而过 & 这是个好兆头。我预感到各种事！——昨晚在朔尔茨上尉家，有音乐演奏（直到半夜 12 点）。非常惬意。

1915年2月17日

昨天 & 今天工作了一些。我在车间里的现有职务非常令人不满意，必须做点什么。——我不得不生很多气 & 受很多委屈，精神内耗。又性欲很强 & 几乎每天自慰：不能这样继续下去。——

1915年2月18日

几乎未工作。就我的处境思考了很多。对我未来的方方面面充满好奇。——。

1915年2月19日

工厂里又遇到不愉快的事情。与指挥官谈了很久，但没有任何实质性的进展。几乎未工作。这些不快扰乱了我的思考。要做出改变。——。——。

1915年2月20日

怯弱的思虑，恐惧的踌躇，不安的畏葸，妇人的叹气，不能转危为安，不能使你自由！[1]未工作。想了很多。——。

1915年2月21日

未工作。心情好了些。有性欲。假如我能继续工作该多好！！！！——！——。

1915年2月22日

未工作。昨晚做了非常多生动但不坏的梦。与工厂里的人发生了很多不快。愤怒 & 情绪激动；自责，等等，等等。——，——。

1915年2月23日

未工作。我的难处仍未得到解决。——。

1915年2月26日

未工作。我还会再工作吗？！？心情沮丧。没有大卫的消息。我被彻底抛弃了。我想到自杀。我还会再工作吗？？！——。

---

① 维特根斯坦此处援引歌德的戏剧《莉拉》中的插曲《铭感》。中文引自钱春绮的翻译。歌德的原文是“妇人的畏葸，不安的叹气”，这里根据维特根斯坦的文字做了调整。译者注。

1915年2月27日

未工作。心情沮丧。性欲很强。我感到孤独。我的工作目标似乎被推向了比以往更加渺茫的远方！我缺乏必胜的勇气和大胆希望的豪迈。仿佛我永远也不该有伟大的发现。我已经很久没有像现在这样落寞了。千万不要迷失你自己！！——。——。

1915年2月28日/1915年3月1日

未工作。没有大卫的消息。情绪变化无常。

1915年3月2日/1915年3月3日

未工作。昨晚看见瞬间的一丝光明。没有大卫的消息！——晚上愉快地在朔尔茨家。其他时候大都心情沮丧。

1915年3月4日

未工作。道德薄弱；但看清了我的处境异常艰难，我至今还完全不清楚该如何修正它。——。

1915年3月5日

今天跟古尔特聊了我的屈辱处境。仍未作出决定。我可能去前线当步兵。=。

1915年3月6日

我的情况仍未得到解决。我的情绪波动很大。——

1915年3月7日

境况照旧；忐忑不安。仍没有完全把握如何做出适当的改变。现在严霜又要降临！非常不是时候！感觉不好。可以说，我精神憔悴，非常憔悴。该如何是好？？我被讨厌的环境所吞噬。整个外在的生活及其一切卑劣都向我涌来。我的内心充满仇恨，无法让灵进入我的内心。主即是爱。——我仿佛是一座燃尽的熔炉，满是残渣和糟粕。——

1915年3月8日

境况未决！照旧！抑郁。——=。——。

1915年3月9日

境况未决！=。情绪警醒但不佳。——

1915年3月10日

性欲很强。犹豫不决。精神更加不安。=。

1915年3月11日

未工作。境况照旧！只有不悦。——。

1915年3月12日

未工作。思考了很多。境况仍未决。——。

1915年3月13日

境况照旧。非常举棋不定。=。——。

1915年3月14日

境况照旧！——。未工作。抑郁。胸闷。——。——

1915年3月15日

遇见一个熟人，他是一年制志愿兵 & 跟他聊了我的事 & 明天还会继续聊。现在至少把我的笔记补上了。仍未工作。我还会再工作吗？？！！————。

1915年3月16日

——。

1915年3月18日

昨天收到大卫可爱的信！——我搬进了工厂。给大卫回了信。性欲很强。

1915年3月19日

今天与古尔特谈了我的未来。没有令人满意的结果。性欲很强。——。

1915年3月21日

考虑去皇家狙击手团[①]，因为费克尔也在那里。感觉不适。未工作。持续不适。——。

1915年3月22日

不适。傍晚好转。

1915年3月23日

性欲很强。

1915年3月24日

——。未工作！我还会再工作吗？？！！！——。

1915年3月27日

——。——

1915年3月29日

厌烦！被无耻包围。我太累了！——。——。

① 它是由皇家帝国军事部门正式组建的奥匈帝国普通步兵团。

1915年3月31日

心情跌宕起伏。

1915年4月4日/1915年4月5日

心情跌宕起伏。

1915年4月15日

我想不出任何新东西了！（古尔特被调走了。）我想不到任何新东西了。但这根本也不重要。

1915年4月16日

性欲很强。每天自慰。很久没有大卫的消息了。我在工作。——

1915年4月17日

在工作。

1915年4月18日

着了凉！

1915年4月22日

他们现在想让我主管整个车间。新的不愉快。

1915年4月24日

我在工作。——。

1915年4月26日

在工作。除此以外，其他活动都很不令人满意。

1915年4月27日

在工作。我现在必须在工厂里耗费光阴！！！——

1915年4月28日

又在工作！——。

1915年4月29日

在工作。除此以外，我感觉很糟。千万不要让卑鄙小人影响到你。

1915年4月30日

收到大卫可爱的来信！

1915年5月1日

工作的恩赐！——

1915年5月1日

说“必须如此，否则我们无法做哲学”或者“否则我们不能活着”，所有诸如此类的理论，当然必须消失。

1915年5月5日/1915年5月7日

仍未被任命！不明确的官职一再给我带来麻烦。假如这样长久继续下去，我会考虑离开这里。

1915年5月8日/1915年5月10日

情绪非常激动！差点哭出来！！！！感觉心灰意冷 & 病倒了！被无耻包围。

1915年5月11日

未工作。

1915年5月22日

收到罗素亲切的来信！

1915年5月23日

我的语言的界限意味着我的世界的界限。

1915年5月24日

今天结识了逻辑学前辈迪茨维基[1]，罗素在信里

---

① 迪茨维基（M. H. Dziewicki），生活在克拉科夫的（转下页）

向我介绍了他。一个和蔼可亲的老头。[①]

1915年5月25日/1915年6月8日

我的晋升又遇到了麻烦。我大概要离开这里。经常十分沮丧。被我周围的卑鄙小人厚颜无耻地利用。——。

1915年6月1日

我写的一切都围绕着一个大问题：世界上有一种先验的（a priori）秩序吗？如果有，它由什么构成？

你望着一团迷雾，可以让自己相信，目标已经近在眼前。可是当迷雾散去，目标仍未见！

1915年6月3日

……（另外，救赎之言仍未被说出。）

1915年6月22日

工作了很多！尽管周围环境龌龊至极。

（接上页）波兰逻辑学家，是伯特兰·罗素的旧交。一战爆发后，他写信给罗素，说他愿意去见青年维特根斯坦。二人见面时，维特根斯坦正处于意志消沉期，他确信自己会被俄国人杀死（参见鲍姆：《一战中的维特根斯坦》，第 71 页）。

笔记三

1916 年 3 月 28 日（？）— 1917 年 1 月 10 日

编者按

1915 年 7 月至 1916 年 3 月初的笔记不幸遗失，但可以从往来信件及其他文件中推断出这九个月里所发生的主要事件。

秋末，维特根斯坦被调到伦贝格附近小镇索卡尔的一列炮兵车间列车上，他在那里履行的职责与在克拉科夫时类似。在这段战争平静期，维特根斯坦进行了大量的阅读和写作。关于他的精神状态，其传记作者们均将我们引向了马克斯·比勒尔医生的一封长信，后者当时负责附近的一列红十字医院列车，并与维特根斯坦结为好友。两人显然每天就哲学和文化问题进行交谈；比如陀思妥耶夫斯基的《卡拉马佐夫兄弟》，他俩都读过，现在热烈地讨论。维特根斯坦从诸多方面认同“纯洁”的弟弟阿廖沙，对“感性”的大哥德米特里也表现出极大的同情，因为德米特里永远无法掩饰自己的激情。逻辑方面的工作显然也更快、更充满自信地继续进行着：在一封 1915 年 10 月 22 日致伯特兰·罗素的信里，维特根斯坦宣称自己不仅工作非常努力，而且还感觉“颇有成果”：

我现在正准备以论文的形式把整个工作整理出来。无论如何我都不会在你看过之前发表任何东西。而这自然只能等到战后。但谁又知道我能不能活到那时候呢？如果我没有活下来，请让我的家人把所有手稿通通寄给你：你会在里面找到我的最新概要，是用铅笔在活页纸上写的。你可能要费些力气才能完全理解它，但请不要因此而却步。

他用类似的口吻也给弗雷格写了一封信。罗素和弗雷格都回信鼓励他。罗素还劝维特根斯坦通过一位身居美国的共同朋友将手稿寄到英国，但是由于战争迟迟不结束，再加上维特根斯坦在意大利的卡西诺当了一年战俘（1918—1919 年），他的两位导师直到多年以后才得以读到这篇应许的论文。瑞·蒙克对这件事的讽刺性作过精辟的评论：

假若维特根斯坦听从了罗素的建议，那么这本 1916 年便将已出版的著作会在诸多方面与我们现在所知的《逻辑哲学论》相同。……它会囊括《逻辑哲学论》现在所囊

> 括的几乎所有内容——除了结尾处对伦理学、美学、灵魂和人生意义的论述。也因此，在某种意义上，它会是一本完全不同的书。[①]

没错，而造成这一决定性差异的因素无疑是维特根斯坦正要经历的战争经验。

东线在 1915 年冬季的相对平静于次年暮春戛然而止，因为当时俄军正准备对奥军发动我们今天所熟知的布鲁西洛夫攻势——它是第一次世界大战期间最惨烈的战役之一，发生在南加利西亚，即现在的乌克兰境内。就在这时，维特根斯坦终于如愿以偿被派到前线，直面死亡。这或许是他一生中面临的最重大的挑战。

一到前线，维特根斯坦就申请被派到侦察哨。这个构造脆弱的开放式炮塔用于观察敌情，有一棵大树那么高，上面的人不可避免地被暴露在敌方的炮火之下。维特根斯坦之所以选择这个岗位，一方面是为了远离部队中“恶毒无情”的战友，那些他从其身上“几乎不可能找到一丝人性”的人，另一方面也是为了考验他自己面对炮火的勇气：“或许接近死亡将为我带来生命之光。愿上帝启示我！”事实上，维特根斯坦的确非常享受这个孤独的新岗

---

① 参见瑞·蒙克：《维特根斯坦传：天才之为责任》，第 134 页。

位，包括这里随时有可能遭受的炮击威胁：

> 在这侦察哨上，我就像魔法城堡里的王子。现在白天一切都是宁静的，但是到了晚上！一定很可怕。我会经受得住吗？？？？今晚将见分晓。上帝与我同在！！

“上帝与我同在！！”祈祷，庄重、发自内心深处的祈祷，不只对托尔斯泰《福音书摘要》中的“灵”，也有对“上帝”的祈祷，现在变成了重心。

尽管此类祈祷被维特根斯坦写在了笔记的“左手页”上，即私人部分里，但与此同时，笔记的“右手页”发生了一个有意思的变化。1916年4月27日，维特根斯坦仍在关注简单命题的等级和类型问题：

> 假设我想表现一个具有三个不可互换的主目的函项。
>
> ø（x）: ø（ ），x
>
> 但是，在逻辑中我们应该谈论不可互换的主目吗？如果应该，那么这无疑预设了某种关于实在的性质的东西。

然而，九天以后，也就是在维特根斯坦写下上文的“魔法城堡”隐喻的后一天，我们在笔记的右手页上读到：

> 整个现代的世界观都建立在一种幻觉的基础上，即认为所谓的自然律是对自然现象的解释。［《逻辑哲学论》6.371］

维特根斯坦始终坚信，不存在能够解释具体自然现象的"自然律"。"只有死亡"，他一再坚称，"才赋予生命以意义"。

而与此同时，维特根斯坦所在的连队遭遇了猛烈的炮击。他被晋升为炮兵准下士（Vormeister），并因在侦察哨的表现对战友们起到了明显"良好的安抚作用"而获得表彰。他被建议授予英雄二等功银质勋章，这对于军衔如此低的军人来说是一个相当高的荣誉。事实上，他于1916年10月获得了该勋章。

这个夏天，即维特根斯坦直面战火并幸免于难的1916年夏，是他人生的转折点。"对上帝和人生的目的，"他7月4日写道，"我知道些什么？"他用后来非常著名的那段连祷句式作答，其开头如下：

> 我知道世界存在。
>
> 知道我处在其中，就像我的眼睛在其视域中。

知道有关它的某事是成问题的，我们称之为它的意义。

知道这意义不在它之中，而在它之外。

第二天，这个新感受到的无奈达到了顶峰，它部分是对叔本华的回应："世界独立于我的意志。即使我们所希望的一切都会发生，这也只能说是命运的恩赐，因为在意志和世界之间没有保证这一点的逻辑联系。"

这是一个神奇的时刻。长久以来，维特根斯坦行事的前提是，他的意志能够支配他的行动，以及理性是逻辑命题的框架，而现在，他在7月6日却写道："一个实现了存在目的的人，不再需要生命之外的其他目的。"7月8日他又写道："只有不活在时间里，而是活在此刻的人，才是幸福的。"

当然，这种优越的状态不会长久。7月9日，维特根斯坦又开始抱怨起来："他们是灰溜溜的混蛋。"不久后，他又承认对自己没有被邀请去享用军官伙食而感到恼火，无论这种情绪有多无聊。然而，这时，奥军开始了穿越喀尔巴阡山脉的艰苦撤退。维特根斯坦后来回忆道，在这次大撤退中，他"筋疲力尽地骑在一匹马上，马队一望无际，他只有一个念头，那就是要坐稳，因为一旦从马上掉下去，就会被踩死"。他仍然害怕有人向他开枪，并写道："我想活命的欲望现在如此强烈！一旦你想要活着，你就很难放弃生命。”

从表面上看，没有发生真正的变化：“坐了三天火车，向火线阵地行进。身体欠佳，周围人们的狭隘和卑劣令我也精神不振。”几天后：“在罪恶中苟延残喘，即，不幸福。”

发生的变化是内在的。它是对“伦理学是不可言说的”之认识：伦理学只能被展示；他认识到人类的、精神上的“自我”终究不是宇宙的中心，而只是宇宙的一部分，“同动物、植物、石头等一起”（1916 年 9 月 2 日）。即使有各种琐碎的个人问题，一颗神奇的新的包容心开始滋长。在第三本笔记的最后一条记录里——它是在私人笔记部分空白了数月之后写在右手页上的——维特根斯坦发问：是否连自杀这个“最基本的罪过”本身或许也是“非善非恶”？

笔记本第三册，手稿第103号

1916年3月28日（？）—1917年1月10日

1916年3月28日（？）

……并要结束我的生命。我在痛苦中煎熬！可是，生命的图景却又如此诱人，让我想要继续活下去。只有当我真正想毒死自己时，我才会毒死我自己。

1916年3月29日

被迫做很多不熟悉的事情。我需要很大的气力才能忍受下去。我常常濒临绝望。已经一个多星期没再工作了。我没有时间！主啊！但这很正常，因为假如我死了，我也没有时间工作。现在有人视察。我的灵魂在萎缩。上帝启示我！上帝启示我！上帝启迪我的灵魂。

1916年3月30日

竭尽你所能！其他的你不能左右：要快活。要悦纳你自己。因为别人不会支撑你，或者只会支撑很短的时间！（然后你就变成了他们的累赘。）用尽全力帮助你自己和他人。并同时保持快活！但你需要留多少力气为自己，又留多少力气为他人呢？要过上良好的生活真难！！但它是美好的。“然而，愿你的旨意成就，而非我的意愿。”[①]

---

① 出自《约翰福音》。

1916年4月2日

我生病了。今天仍很虚弱。指挥官今天告诉我，他想把我遣送到后方。如果真是那样，我就自杀。

1916年4月6日

人生是一场[①]

1916年4月7日

磨难，人们只是暂时得到放松，以遭受更多的折磨。各种各样可怕的折磨。疲惫不堪的行军、咳嗽不止的夜晚、一帮酒鬼、一群卑鄙愚蠢的人。行善，并为自己的美德而欢喜。我有病，过着糟糕的生活。上帝帮助我。我是一个不幸的可怜人。上帝拯救我，赐我以安宁！阿门。

1916年4月10日

艰难度日。仍没有得到启示。我今天看到镜子里的自己，满脸憔悴！我已经很久无法工作了。

1916年4月13日

仍然在黑暗中摇摇欲坠。依旧没有苏醒。

---

① 原文如此。译者注。

1916年4月15日

八天后，我们将上火线阵地。只愿他们允许我拿自己的生命冒险，在艰巨的任务中出生入死！

1916年4月16日

自3月22日起完全没有性欲。最近几天休息。

1916年4月18日

明天或后天上火线阵地。所以要鼓起勇气！上帝会帮我的。

1916年4月20日

愿上帝让我变得更好！从而我也会变得更快乐。今天可能就上阵地了。上帝保佑我。

1916年4月23日

几天来都在前线。整天做繁重的体力活，无法思考。愿上帝帮助我；我现在吃尽苦头。我今天申请去侦察哨。在我们排里，所有人都恨我，因为没有人理解我。因为我不是圣人！愿上帝帮助我！

1916年4月26日

炮兵连的军官们似乎都很喜欢我。这为我省去了许多不快。感谢上帝。愿你的旨意成就！走你自己的路！愿你的旨意成就！

1916年4月27日

部队里的人，少数几个例外，都恨我这个志愿兵。于是我现在几乎总是被恨我的人包围着。而这是我唯一仍无法释怀的一件事。但这儿的人都恶毒无情。我从他们身上几乎不可能找到一丝人性。上帝保佑我活下去。我今天预感到晚上会有警报。今晚的确处于待命状态。主与我同在！阿门。

1916年4月28日

今夜平静。写信给罗素。今天做了一个噩梦。上帝保佑我。

1916年4月29日

下午在侦察哨所。有人向我们射击。想到上帝。愿你的旨意成就！上帝与我同在。

1916年4月30日

今天在敌人的火力攻击下又去了侦察哨所：人只需要上帝。

1916年5月2日

不得不时刻对抗人们的无耻。

1916年5月3日

现在过得很艰难！上帝保佑我，与我同在。阿门。愿最沉重的苦难与我擦肩而过。但是，你的旨意成就。工作在我的脑海里沉睡。

1916年5月4日

应我自己的要求，明天可能会去侦察哨值岗。只有那时，战争对我才算真正开始。也许——还有我的生命。或许接近死亡将为我带来生命之光。愿上帝启示我！我是虫豸，但经由上帝我成为人。上帝与我同在。阿门。

1916年5月5日

在这侦察哨上，我就像魔法城堡里的王子。现在白天一切都是宁静的，但是到了晚上！一定很可怕。我会经受得住吗？？？？今晚将见分晓。上帝与我同在！！

1916年5月6日

整个现代的世界观都建立在一种幻觉的基础上，即认为所谓的自然律是对自然现象的解释。[参见《逻辑哲学论》6.371]

所以，当代人站在“自然律”面前，就像古代

人站在神和命运面前一样，把它视为某种神圣不可侵犯的东西。［6.372］

事实上他们两者都是正确的，也都是错误的。只是古代人的观点更为清晰一些，因为他们承认有一个明白的界限，而现代人的体系则力求显得似乎一切东西都已得到解释。［6.372］

1916年5月7日

晚上平静地过去了。谢天谢地。只有我是个悲惨的人。

1916年5月8日

平静的一夜。上帝与我同在！

与其说我周围的人是卑劣的，不如说他们狭隘得惊人。所以几乎不可能与他们交往，因为他们永远在误解你。这些人不是愚蠢，而是狭隘。在他们的领域里他们足够聪明。但他们缺乏品质，从而缺乏广度。“正统之心，万事皆明。”[①] 我现在无法工作。

1916年5月9日

我现在本有足够的时间和安宁工作。但我什么

---

① 引自陀思妥耶夫斯基《卡拉马佐夫兄弟》中佐西马长老的布道。

都没动。我的材料离我远去。只有死亡才赋予生命以意义。

1916年5月10日

上帝保佑，我现在过得很好。只可惜无法工作。但是，愿你的旨意成就！阿门。处境危险时他也不会抛弃我！！——。

1916年5月11日

后天换阵地。很不开心！但是，你的旨意成就。

1916年5月16日

换到第三个阵地。一如既往，困难重重。但也有伟大的恩赐。我一如既往的软弱！无法工作。今天在步兵的射击声中入睡，可能会死掉。上帝与我同在！直到永远，阿门。我是个软弱的人，但是它使我坚持到今天。赞美归于上帝，直到永远，阿门。我将我的灵魂交托给主。

1916年5月21日

愿上帝让我成为更好的人！

1916年5月25日

遭到炮击。如上帝所愿！

1916年5月27日

敏娜[1]和妈妈来信了。据说今天或明天俄军将发动进攻。好吧，如上帝所愿。我已深陷罪恶之中。但上帝会宽恕我的。

1916年5月28日

最近几周睡得很不安稳。总梦到自己在值岗。这些梦总把我引向惊醒的边缘。过去两个月里只自慰过三次。

我周围的人，违背我的意志[2]，令我生厌。在我眼中，他们常常不像人，而像是鬼脸怪相。一群卑鄙无耻的乌合之众。我不恨他们，但他们令我作呕。今天紧急待命。指挥官对我很和善。我在思考人生目标。这是你能做的最好的事了。我应该更快乐。啊，假如我的精神更加强大该多好！！！只愿主与我同在！阿门。

1916年5月29日

上帝与我同在。

---

① 维特根斯坦对大姐赫敏（Hermine Wittgenstein，1874—1950）的昵称。译者注。

② 参见《逻辑哲学论》第5.7.16节："世界独立于我的意志。"

1916年7月4日[①]

对上帝和人生的目的（Zweck）我知道些什么？

我知道世界存在。

知道我处在其中，就像我的眼睛在其视域中。

知道有关它的某事是成问题的，我们称之为它的意义。

知道这意义不在它之中，而在它之外。［6.41］

知道生活就是世界。［5.621］

知道我的意志渗入世界。

知道我的意志是善的或恶的。

知道于是善和恶与世界的意义有了某种联系。

生活的意义，即世界的意义，我们可称之为上帝。

而与此相联系的是，把上帝比作父亲。

祈祷就是思考生活的意义。

我不能令世界里发生的事情屈服于我的意志；我是完全无能的。

我只能通过拒绝对发生的事情施加任何影响，以让自己独立于世界——从而在一个特定意义上掌控世界。

---

① 英文版《1914—1916 年笔记》中该条目的日期为 1916 年 6 月 11 日，德语版《遗著集》更正了该日期。

1916年7月5日

世界独立于我的意志。［6.373］

即使我们所希望的一切都会发生，这也只能说是命运的恩赐，因为在意志和世界之间没有保证这一点的逻辑联系，而假定的物理联系又不是我们所能意愿的。［6.374］

如果善的意志或恶的意志能够影响世界，那么它只能影响世界的界限，不能影响事实，只能影响无法通过语言描绘而只能在语言中显现的东西。［6.43］

简言之，其结果必然是世界完全变成另外一个样子。［6.43］

也就是说，世界必定作为整体而消长。犹如一个意义的加入或丧失。［6.43］

也如在死亡时，世界不是改变，而是终止存在。［6.431］

1916年7月6日

上个月极度劳累。对各种各样的事想了很多，但奇怪的是，我无法把它们与我的数学思考建立起联系。

1916年7月6日

当陀思妥耶夫斯基说，实现了存在的意义的人是幸福的，他大概也是对的。

或者也可以这样讲，一个实现了存在目的的人，不再需要生命之外的其他目的。也就是说，他是满足的。

人生问题的解决体现在这个问题的消失上。[6.521]

但是，一个人能否活得让生命不再成问题？即活在永恒而非时间中？

1916年7月7日

但联系会被建立起来的！

不可言说的，不可言说！

1916年7月8日

可惜啊，可惜！我无法静下来工作！工作。

1916年7月8日

相信某个上帝意味着理解生命意义的问题。

相信某个上帝意味着看出世界里的事实不是问题的全部。

相信上帝意味着看出生命是有意义的。

世界是给予我的，即，我的意志完全从外部接近世界，如同接近某种已然之物。

（至于我的意志是什么，我尚未知晓。）

所以我们有一种依赖于外来意志的感受。

不管怎样，我们无论如何都在某种意义上有所依赖，而我们所依赖的，可以称之为上帝。

在此意义上，上帝就是命运，或者其同一物：那个——独立于我们的意志的——世界。

我可以令自己独立于命运。

有两种神：世界和我那独立的“自我”。

我或者幸福或者不幸福，仅此而已。我们也可以说：善与恶不存在。

幸福的人不可以畏惧。连对死亡都不可以。

只有不活在时间里，而是活在此刻（Gegenwart）的人，才是幸福的。

对于此刻的生命，不存在死亡。

死亡不是生命中的某个事件。它不是世界的事实。［6.43.11］

如果我们不把永恒理解为时间的无限延续，而是理解为无时间性，那么我们可以说，活在此刻的人永生。［6.43.11］

［……］①

惧怕死亡是一种错误的也即坏的生活的最好标志。

［……］

幸福地活着！

---

① 省略号处是佩洛夫省略了部分哲学笔记的内容，后同。译者注。

1916年7月9日

别对那些人动怒。他们是灰溜溜的混蛋。但你不能对他们发火。不要让他们的言语刺透你。他们不对我讲话时，我还能轻松保持冷静。但当他们对你粗鲁无礼时，我便怒火中烧。别恼怒。发怒对你一点好处也没有。

1916年7月14日

工作的恩赐。

1916年7月16日

糟糕的天气。在山区，条件恶劣，防护不足，天寒地冻，雨雾交加。充满折磨的生活。极难不迷失自己。因为我是个软弱的人。但灵有助于我。我最好是病了，那样我至少能有一丝安宁。

1916年7月19日

总是恼怒。我是个软弱的人。

1916年7月20日

工作下去，让你变好。

1916年7月24日

有人向我们开火。每打来一枪，我的灵魂就颤抖一下。我多想继续活下去！

1916年7月24日

世界与生活是一回事。［5.621］

生理生活当然不是“生活”。心理生活也不是。生活，即世界。

伦理学不指涉世界。伦理学必须是世界的一个前提，就像逻辑。

伦理学与美学是一回事。［6.421］

1916年7月26日

收到大卫动人的来信。信中说，他的兄弟在法国阵亡。太可怕了！这封可爱亲切的信令我睁开了双眼，看清了我在这里被放逐的活法。这或许是有益的放逐，但我现在感觉它是一次流放。我被流放到一群蛆虫中间，必须在最令人作呕的条件下与它们共生。而我必须在这种环境下好好生活，净化自己。但这难极了！我太软弱。我太软弱！上帝救救我吧。

1916年7月29日

昨天有人向我开枪。我怕极了！我害怕死亡！我想活命的欲望现在如此强烈！一旦你想要活着，你就很难放弃生命。这正是“罪”之所是，不理智的生活，错误的人生观。我时不时变成一只动物。那时我想不到别的，只有吃、喝、睡。可怕！而那时我也会像动物一样去忍耐，没有任何内在救赎的可能。那时我将受自己的欲和厌所摆布。于是，那时，本真的生活便不可想象了。

1916年7月30日

可笑：今天我很恼火，因为我从现在用餐的步兵连那里没有如当初被许诺的那样领到军官伙食。于是我表现得极其幼稚恶劣。尽管如此，我还是无法控制自己对所遭不公的愤怒。我不断想起这件事，思考如何补救。人就是如此愚蠢。

1916年7月30日

当列出一个“你应该……”形式的一般伦理规范时，人们首先想到的是：“我不照做又怎样？”

然而，显然，伦理学与奖惩无关。

[……]

我一次又一次地回到这样一个念头：幸福的生活就是好的，不幸福的生活就是坏的。如果我现在问自己，但我为何要幸福地生活，那么这本身似乎就成了一个同义反复的问题；似乎幸福的生活本身就是一个同义反复的问题；似乎幸福的生活自证其合理性，自证它是唯一正确的生活。

这一切其实在一定意义上是神秘莫测的！显然，伦理学是不可言说的！［6.421］

［……］

伦理学是超验的。［6.421］

1916年8月2日

［……］是的，我的工作已从逻辑基础拓展到世界的本质。

1916年8月6日

坐了三天火车，向火线阵地行进。身体欠佳，周围人们的狭隘和卑劣令我也精神不振。上帝请赐予我力量与内心的坚韧，以战胜灵魂上的病吧。上帝请让我乐观积极。

1916年8月7日

“我”不是对象。

1916年8月11日

我在罪恶中苟延残喘，即，不幸福。闷闷不乐，毫无生气。与周围的一切格格不入。

1916年8月11日

我客观地对待每一个对象。对“我”却不。

所以的确有一种方式，让哲学可以且必须在一种非心理学的意义上讨论自我。［5.641］

1916年8月12日

你知道为了幸福地活着你得做什么；为什么你不去做？因为你不理智。坏的生活是不理智的生活。一切取决于，不要被激怒。

1916年8月12日

世界是我的世界，由此“我”进入哲学之中。［5.641］

［……］

与此相关的是，我们的经验没有任何一部分是先验的。［5.634］

我们看到的一切，也有可能是别种样子。

我们所能描述的一切，也有可能是别种样子。［5.634］

1916年8月13日

我仍在徒劳地与我软弱的天性抗争。上帝赐予我力量！

1916年8月13日

试想，一个人不能行使自己的意志，却必须忍受这个世界的所有苦难。什么还能让他幸福?

既然无法抵御这个世界的苦难,他怎样才能幸福?

正是通过智识生活。

良知是智识生活所赋予的幸福。

智识生活是幸福的生活，尽管有世间的苦难。

只有能够摆脱世俗安逸的生活才是幸福的。

对它而言，世俗安逸不过是命运的恩赐。

1916年8月19日

被卑鄙所包围！近期应该会被调到后方基地。对此我很高兴。被卑鄙包围。上帝会帮助我的。

1917年1月10日

假如自杀被允许，那么一切都是允许的。

假如有什么不允许，那么自杀是不允许的。

这启示了伦理学的本质。因为自杀可谓最基本的罪过。

如果你研究它，就好似你研究汞蒸气以理解蒸气的本质一样。

或者说，难道自杀本身不也非善非恶吗!

后 记

《私人笔记》手稿附注

玛乔丽·佩洛夫

> 真神奇，用密语写下那些我不希望别人读懂的东西是怎样的慰藉啊。[①]
>
> 维特根斯坦，1929 年

维特根斯坦 1951 年病逝时，仅有一部著作出版：《逻辑哲学论》（1922 年）。他的第二部主要著作——《哲学研究》即将出版，而维特根斯坦临终前还在做修改，这是他的习惯。他不愿将自己的任何文本视为“终稿”，于是留下了大约两万页的

① 转引自索马维拉：《维特根斯坦遗著中的加密》，第 367 页。原文载于卑尔根版《遗著集》，手稿第 106 号，第 4 页。此处的手稿代号为 G. H. 冯·赖特对《遗著集》中原始文件的原始编目，该编目后来被转录到卑尔根电子版。

手稿和打字稿。他在遗嘱里向自己的三位遗稿保管人——他们均是他曾经的学生和忠实弟子——留下了如下指示：

> 我将我所有未出版的写作及其手稿和打字稿的全部版权交给剑桥大学三一学院的R.［洛什·］里斯先生、［伊丽莎白·］安斯康姆小姐和G. H. 冯·赖特教授，由他们按其认为最合适的方式处理，除非任何其他人拥有这些手稿和打字稿的保管权。
>
> 我希望并期望里斯先生、安斯康姆小姐和冯·赖特教授在他们认为合适的时候出版我的任何未发表的作品，但我不希望他们本人承担预期无法从版税或其他利润那里收回的出版费用。[1]

好一份遗嘱指示！即使维特根斯坦始终用德语写作，但他在剑桥大学和英国其他地方的讲演都是用英语，因而也是用英语记录的，这使得《遗著集》（*Nachlass*）变得更加复杂，维特根斯坦的笔记、大账本、打印稿和剪报集后来都被收录其中。譬如，

① 参见艾尔巴赫：《维特根斯坦的继承者及编校者》（*Wittgenstein's Heirs and Editors*），第2页。

《哲学研究》的德英对照版原本准备就绪，安斯康姆早在六年前，即在1945年就翻译了它的最新版本，但她和里斯记起，维特根斯坦希望把他关于心理学概念的最新成果收录进去，于是他们加进了相关文字，这些文字变成了《哲学研究》的第二部分。正如克里斯蒂安·艾尔巴赫（Christian Erbacher）在其精彩的《维特根斯坦的继承者及编校者》一书中所言，虽然安斯康姆认为这份后来的打印稿"超越了［维特根斯坦］曾经写过的一切"，但后来的学者开始质疑维特根斯坦是否有意将这份手稿收录进《哲学研究》。到第四版（2009年）时[①]，之前版本中的"第二部分"不再属于《哲学研究》的正文，而是被更名为"心理学哲学：片段"。

总之，从1951年起，这三位遗稿保管人便开始汇编各种手稿，并负责其出版。在出版顺序及某些手稿的重要性上，他们并非总能达成一致，如艾尔巴赫所言，"在20世纪60年代中期之前，维特根斯坦遗稿保管人对其文本材料的处理可能会让史学专家和图书管理员们发疯"：

> 里斯和安斯康姆把手稿和打字稿存放在自己的家里，使用它们，有时还在上面做笔

① 参见维特根斯坦：《哲学研究》。

> 记，并把它们暴露在日常生活的危险中——其后果经常是灾难性的：《哲学研究》1953年版的打字稿原稿被弄丢了；据说安斯康姆还烧毁了一个章节，里面提到当时仍健在的某位人物；里斯的狗想吃掉一份手稿；里斯自己则把“摩尔卷”丢在了伦敦帕丁顿车站的一个电话亭里。[①]

我们必须在这一背景下去理解维特根斯坦“私人笔记”的来龙去脉。维特根斯坦去世后不久，他的姐姐玛格丽特·斯通伯罗（Margaret Stonborough）邀请三位遗稿保管人前往奥地利，给他们看她手上持有的手稿，并与他们讨论出版事宜。这些文件当中有三本笔记本，写于1914年至1916年底，彼时的维特根斯坦服役于东线的奥匈步兵团：

> 第101号手稿：1914年8月9日—1914年10月30日
>
> 第102号手稿：1914年10月30日—1915年6月22日
>
> 第103号手稿：1916年3月28（？）日—1917年1月10日

① 参见艾尔巴赫：《维特根斯坦的继承者及编校者》，第26页。

值得注意的是，第二本和第三本笔记之间有九个月的空缺，这表明有一本笔记遗失。此外，有证据显示，另外还有三至四本战时笔记或者遗失或者被损毁。[①]

1954年，在编辑完维特根斯坦的《数学基础评论》以后，三位遗稿保管人决定接下来出版1914—1916年笔记，因为它们为《逻辑哲学论》的雏形提供了很多启示。但是，他们只选择了他们认为与哲学有关的部分；由于不希望侵犯其导师的隐私，他们排除了写在笔记本左手页(反面)的全部加密条目。加密，亦即，“禁止入内”。于是，《1914—1916年笔记》首版于1961年由布莱克威尔（Blackwell）出版社发行，现版本是由芝加哥大学出版社发行的1979年第二版，两版都只是翻印了笔记本的右手页（正面）。事实上，在《1914—1916年笔记》中没有任何关于内容不全的说明。

几十年来，不出版这些加密私人笔记的决定从未动摇过。安斯康姆在这件事情上的态度尤其坚决。1958年，维特根斯坦的生前好友保罗·英格尔曼（Paul Engelmann）曾向她询问过，是否可以出版他与维特根斯坦的往来书信，以及关于两人1915—

① 参见索马维拉：《维特根斯坦遗著中的加密》，第371页。

1916年间在其家乡奥洛穆茨的旧事的记述，对此，安斯康姆的回应如下：

> 假如按下一个按钮就能保证人们不去关注他的私生活，那么我应该早就按下这个按钮了。……而且，我必须承认，我对任何声称理解维特根斯坦的人都深感怀疑。这也许是因为……我非常肯定，我没有理解过他。[①]

洛什·里斯对此表示赞同。20世纪60年代，当遗稿保管人试图为“康奈尔缩微胶卷版《遗著集》”决定加密文本的处理方式时，里斯表示：

> 我过去（且现在也）希望，W从未写下过这些段落。我不知道他为什么要这样做，但我想我在某种程度上是理解的，然后我也理解他为何选择这种含糊的媒介。我尤其担心的是，假如这些段落得以出版，它们会被单独拿出来出版，而不是在它们的写作背景下（我再重复一遍：它们的写作背景下）出版，如此这般，维特根斯坦生活和思想中的一段微不足道的小插曲，便会显得像一个占支配

---

① 参见英格尔曼：《路德维希·维特根斯坦的来信》，第xiv页。

地位的执念。[1]

里斯此处暗示的“微不足道的小插曲”无疑是指维特根斯坦对性欲（特别是对同性）的表达——这些表达尽管隐晦，但无可置疑，比如在1914年12月21日的笔记中，他写下自己亲吻了刚刚收到的剑桥好友大卫·品生特的来信。这些笔记忠实地记录了其作者的每一次自慰，还有一些关于同性约会的明显暗示，比如关于他经常出入克拉科夫浴场的记录，或者提到他屡次犯下的不可言说的“罪”。

里斯和安斯康姆均认为，这些涉及隐私的材料不适合公开出版：20世纪60年代，同性恋行为几乎仍是禁忌。所以，“康奈尔项目”的解决方案是，将《遗著集》分两步制成缩微胶片：第一步，制作全部手稿的胶片；第二步，制作一个副本，在副本中涂黑加密部分。去康奈尔大学档案馆的学者只允许访问这份经删节的副本。

第三位遗稿保管人——回到自己祖国芬兰的冯·赖特——的立场略有不同。相较于来自美国的里斯和来自英国的安斯康姆，他更了解奥匈帝国的历史文化，并逐渐认识到，维特根斯坦与他出生的

① 参见艾尔巴赫：《“在被删节的材料中，有许多具有普遍性的好评论”》。

维也纳息息相关——20世纪初，维也纳是先锋文学、音乐、艺术和社会科学的主要中心之一。冯·赖特发现，散见于维特根斯坦手稿中的那些看似不经意的格言式评论，往往是他思想的核心。到20世纪70年代初，冯·赖特从各类手稿中收集了约1500条一般性评论，它们后来被编入德文版的《杂评》（*Vermischte Bemerkungen*，1989年），英文版书名为《文化与价值》（*Culture and Value*）。这部由彼得·温奇（Peter Winch）翻译的双语著作有多个版本，最近的一版发行于1998年。截止到目前，它是维特根斯坦最受欢迎的作品之一，尽管严格来讲，它并不是维特根斯坦“所著”的书。

在此背景下，散见于《遗著集》中的加密内容，特别是写于第一次世界大战期间的私人笔记，无疑将引起人们的极大兴趣。20世纪80年代，威廉·鲍姆从当时新成立的图宾根档案馆收藏的手稿中抄录了这些笔记，并先在《天主教神学杂志》（*Zeitschrift für katholische Theologie*）上发表了一篇期刊文章（1985年），然后又于1991年在维也纳出版了一本名为《1914—1916年加密日记》的书，里面收录了第101—103号手稿的全部加密内容。几乎同时，意大利文和西班牙文翻译相继面世，法语版 *Carnets secrets* 则由维特根斯坦研究学者让-皮埃尔·柯梅蒂（Jean-Pierre Cometti）译出。

对此安斯康姆显然大为震惊，她起诉德文版未经授权，不准许出版。鲍姆后来将书名更改为《一战中的维特根斯坦》（2014 年），并提供了文件证明这本书的合法性，从而逃过了禁令。但是，由于剑桥大学扣给他的污名太大，鲍姆的书——无论用哪个书名——都未能受到关注。它现在已绝版。然而，到了 90 年代初，布莱恩·麦吉尼斯（Brian McGuinness）和瑞·蒙克的开创性传记都已出版，其实，当初正是蒙克的《维特根斯坦传：天才之为责任》让我认识了维特根斯坦。这两位传记作者均参考并大量援引了战时笔记；实际上，麦吉尼斯的第七章《1914—1918 年战争》在很大程度上基于日记里每天的记录。

当时，我以为很快会有英文译本，就像《文化与价值》或 1967 年作为《纸条集》出版的残篇打字稿卷宗那样。但这并没有发生。直到 2021 年笔者写下这些文字的时候，私人笔记仍没有英译本，也没有经授权的德文本。读者当然可以去读卑尔根（挪威）版《遗著集》（*BNE*）的原文，它由阿勒斯·皮希勒（Alois Pichler）领导的一个杰出编辑团队转录而成；实际上，《遗著集》是我们这个时代最伟大的数字学术项目之一。然而，不懂德语的读者无法读懂这些文本，也无法读懂重要的——同样是部分加密的——《剑桥笔记（1930—1932/1936—1937 年）》，后者则由伊尔斯·索马维拉于1999年为因斯布鲁克《火炉》杂志档案馆研究编辑而成。20世纪30年代的笔记有法文版，名为*Carnets de Cambridge et de Skjolden*，同样由让-皮埃尔·柯梅蒂译出，但是，尽管后来的作品例如关于心理学或数学的著作得以陆续出版，一战期间的私人笔记仍未公开。[①]

问题当然是：为什么？大家只能揣测，但我认为问题的答案既与维特根斯坦的国籍有关，也与他的性取向有关，特别是他那个时代的剑桥人对他的性取向的理解（或误解）。别忘了，如果说《逻辑哲学论》属于维特根斯坦的维也纳时期，那么，他在1929年以后的所有著作，即使用德语写成，都是在英国首次出版的，而且他在剑桥大学的诸多讲座——它们对《哲学研究》的构思具有重大意义——当然是用英语讲的，并由其同事和弟子用英语转录。

在英语世界里，维特根斯坦往往被视为英国哲学家，与伯特兰·罗素、G. E. 摩尔、A. N. 怀特海、弗兰克·拉姆齐等人相提并论。斯宾诺莎、叔本华和弗雷格（以及后期康德）对他的早期影响当然备受肯定，但他所在的英语环境仍被视为中心。毕竟，即使《逻辑哲学论》，也是通过C. K. 奥格登的劳特

① 著名的维特根斯坦学者大卫·斯特恩（David Stern）正在筹备一个学术版本，其中将包括《1914—1916年笔记》全文的译本。

里齐译本（Routledge，伦敦）而被人所知——它在遭到多家维也纳出版商的退稿后，由伯特兰·罗素推动出版，并附有罗素本人的导言。罗素的导言并非全是溢美之词：“维特根斯坦先生将关于伦理学的全部论题置于神秘、不可表达的领域，”罗素批评道，“尽管如此，他本人还是能够传达他的伦理学见解。”[①]这条颇带嘲讽的评论激怒了维特根斯坦，但他明白自己欠第一导师太多人情。而且，他凭借《逻辑哲学论》拿到博士学位这件事也是多亏了剑桥的另一位哲学家——G. E. 摩尔。

事实上，维特根斯坦生命后期认识的人，从弗朗西斯·斯金纳到本·理查兹，都是讲英语的人，他的好友及弟子，比如诺尔曼·马尔康姆（Norman Malcolm）和德鲁里（M. O’C. Drury）亦如此。此外，在美国，是斯坦利·卡维尔（Stanley Cavell）在哈佛大学的影响力极大推动了对维特根斯坦哲学特别其后期思想的接受。最近一些关于维特根斯坦的书籍公开借鉴了卡维尔对维特根斯坦日常语言哲学和伦理学的阐述。[②]

在二战后的牛津、剑桥和美国的一流大学里，

---

① 罗素：《〈逻辑哲学论〉导言》，第22页。

② 例如，莫伊：《日常语言的革命》；祖姆哈根-耶克普勒：《难度的不同秩序》。

哲学研究被视为一门抽象的概念性学科，推理严谨，与个人生平无关。讽刺的是，20世纪末，当两本精彩的维特根斯坦英文传记（麦吉尼斯，1988年；蒙克，1990年）面世以后，关于这位神秘哲学家的回忆录、小说甚至电影开始大量涌入市场。然而，严肃哲学圈却认为特里·伊格尔顿（Terry Eagleton）（小说《圣徒与学者》，1987年）和德里克·贾曼（Derek Jarman）（电影《维特根斯坦》，1993年）的那类作品不入流，甚至是轻浮之作。

总之，自从1929年1月约翰·梅纳德·凯恩斯写信告诉妻子莉迪亚·乐甫歌娃（Lydia Lopokova）"好了，大神回来了。我在5点15分的火车上接到了他"那一刻起，维特根斯坦便属于剑桥。（具有象征意义的是，私人笔记的手稿属于三一学院莱恩图书馆所有。）在剑桥，维特根斯坦遗稿保管人对其私生活的原有缄默态度仍未得到改变。无论《牛津维特根斯坦手册》（2011年）还是新出的《剑桥维特根斯坦指南》（2018年），都没有用太多篇幅介绍其私生活。布莱恩·麦吉尼斯在其细密详尽的传记中回避了所有关于性的问题，就连瑞·蒙克在谈到维特根斯坦的日记时也评论道：

> 这些密语揭示了维特根斯坦的不安，不是对同性恋的，而是对性本身的不安。无论

> 男人还是女人的爱，都被他所珍视。他把它当成一种馈赠，几乎是一种上天的馈赠。但是……他将爱与性截然分开。性冲动，无论对同性还是对异性，都极度困扰他。他似乎认为这与他想成为的那个人相抵触。
>
> 这些密语还揭示了，维特根斯坦的爱情生活和性生活在何种程度上仅存在于他的想象之中。[①]

这一说法的问题在于，正如蒙克的传记本身所明确展示的，女性在维特根斯坦的生命中几乎无足轻重。他与玛格丽特·雷斯宾格（Marguerite Respinger）有过一段短暂的异性“恋”，雷斯宾格来自瑞士，二人在20世纪20年代末通过维特根斯坦的姐姐格蕾特在维也纳相识。当维特根斯坦向她表明，如果两人结婚，“他心里想的是一种柏拉图式、不生孩子的婚姻”时，这段“恋情”画上了句号。[②]

我不知道维特根斯坦是否曾经爱过其他女人，其实他几乎只在男人圈子里活动。我也不认为，当他面对他所爱过的男人时，从大卫·品生特到本·理

① 参见蒙克：《维特根斯坦传：天才之为责任》，第585页。

② 同上，第258页。

查兹，尤其是弗朗西斯·斯金纳（他承认与他发生过身体接触），维特根斯坦曾把性与爱分开过，并只在自己的想象中爱。不知为何，即使蒙克——他看似如此理解维特根斯坦——也无法接受其酷儿身份。与此同时，在维也纳，出版和翻译被搁置的原因则不同。20世纪20年代末，在维特根斯坦返回剑桥之前，《逻辑哲学论》堪称维也纳逻辑实证主义圈子的“圣经”，这个小组是20世纪20年代末由莫里茨·石里克（Moritz Schlick）创立的。维特根斯坦参加过他们的一些聚会，但始终对他们过分追求体系的做法心存疑虑。在第二次世界大战前就开始的纳粹统治时期，特别是在石里克1936年被一名疯狂的学生杀害之后，维也纳小组解散了，其中的许多成员去了美国定居；直到90年代，才有了维也纳版《维特根斯坦文集》，该版本最早由迈克尔·内多（Michael Nedo）负责，至今仍未完成。

阿兰·雅尼克（Allan Janik）和斯蒂芬·图尔敏（Stephen Toulmin）的《维特根斯坦的维也纳》非常具有开创性，它提醒读者，维特根斯坦终究是非常特殊的中欧文化的产物，而这个文化不属于英国。在过去的二十多年里，因斯布鲁克的《火炉》杂志档案馆积极研究和出版与维特根斯坦相关的著作。譬如，伊尔斯·索马维拉与卡尔·汉弗莱斯（Carl Humphries）2019年合作出版了一本关于1930—1932/1936—1937年笔记的重要论文集，名为《维特根斯坦的思想运动》（*Wittgensteins Denkbewegungen*）（部分为英文）。实际上，维特根斯坦在逝世七十年以后终于被他的出生国所重新接受，这个过程让我想起萨缪尔·贝克特与他的祖国爱尔兰之间的纠结。①

然而，在维特根斯坦的性取向问题上，奥地利圈子遇到了与英国圈子相似的难题：他的崇拜者们似乎把他看作某种圣人——一个纯洁的存在，因此他是超越"正常"性需求的，更不用提同性关系了。另外，他们还认为，无论维特根斯坦的性取向如何，它都与逻辑、表象、"生命形式"的讨论，以及与《逻辑哲学论》和作为其初稿的《1914—1916年笔记》中的伦理思考无关。

维特根斯坦本人也助长了此种态度。正如他同时代的马塞尔·普鲁斯特让自己的叙述者既反犹又"恐同"，尽管他自己既有犹太血统也是同性恋者，

---

① 奥地利路德维希·维特根斯坦学会成立于1974年，每年举办国际会议，并在维特根斯坦20世纪20年代初曾经执教过的基希贝格（位于韦克瑟尔山麓）举办暑期班。与此同时，在维也纳，对"维也纳圈子"的最新研究重新激发了大家对维特根斯坦的兴趣，现在那里有一个非常活跃且独立的组织，名叫"维特根斯坦倡议协会"（Wittgenstein Initiative Wien），由拉德米拉·施韦策（Radmila Schweitzer）创建，该协会组织讲座、研讨会，举办展览，并出版与维特根斯坦相关的哲学、文化和传记类最新学术论文。

维特根斯坦希望回避性和种族身份的问题。这是他年轻时在维也纳所受教养的一部分，在那里，外在形式、角色扮演和私密性是如此重要。时至今日，维特根斯坦仍是一个神秘的存在，用他的“异常”挑战我们的解读——这种“异常”在《1914—1916年私人笔记》里异常鲜明，如今，在它被写下一百多年以后，首次呈现在读者面前。

致 谢

本书的问世，归功于著名作家、我的挚友、加州大学圣巴巴拉分校比较文学系的黄运特（Yunte Huang）教授。2020 年 8 月中旬的一天，他恰好来拜访我，听说我在读维特根斯坦一战期间用密语写下的私人笔记，德语版的书名是 *Geheime Tagebücher*（《加密日记》），如今早已绝版，我告诉他，维特根斯坦的私人笔记竟然没有英译本，这简直不可思议。运特想了一会儿，说："我觉得鲍勃［Bob Robert Weil，Liveright 出版社主编］可能会对这本书感兴趣。"我知道罗伯特 · 魏尔是一位杰出、严格、"亲力亲为"的编辑，继承了麦克斯威尔 · 珀金斯的传统（如今这种编辑几乎绝迹），运特告诉我，魏尔精通德语，出版过约瑟夫 · 罗特（Joseph Roth）、罗伯特 · 穆齐尔（Robert Musil）和迈克尔 · 霍夫曼（Michael Hofmann）等作家的作品。但维特根斯坦的私人笔记？这个项目会不会太专业？

第二天，我就收到了鲍勃·魏尔的一封信，他表示对这个项目“非常感兴趣”，并让我向他提供一份试译及选题理由。我熬夜做了一个简短的翻译，并寄了出去。劳动节[①]期间，我就拿到了英文版的合同。我简直不敢相信自己的好运。鲍勃明白这些格言式“笔记”的吸引力远远超出了职业哲学家的狭窄圈子，他帮助我去俘获更广泛的读者。鲍勃本人深厚的学识、惊人的文学判断力，和对手稿的认真把关，我都非常珍视。他手下才华横溢的助理编辑，海莉·布拉肯（Haley Bracken），在最后成稿时点石成金。史蒂夫·阿塔多（Steve Attardo）的封面设计既精美又考究，对此我深感自豪。

我还要感谢各位杰出的维特根斯坦学者、同事和朋友，他们就本书为我提出过建议：库尔特·奥拉夫·奥莫斯（Kurt Olaf Åmås）、尼古拉斯·贝尔（Nicolas Bell）、查尔斯·伯恩斯坦（Charles Bernstein）、杰拉尔德·布伦斯（Gerald Bruns）、约翰娜·德鲁克（Johanna Drucker）、克雷格·德沃金（Craig Dworkin）、克里斯蒂安·艾尔巴赫、托马斯·哈里森（Thomas Harrison）、詹姆斯·克拉格（James Klagge）、埃弗兰·克里斯塔尔（Efrain

① 美国的劳动节是在9月初。译者注。

Kristal）、彼得·米德尔顿（Peter Middleton）、艾伦·桑德里（Alan Sandry）、阿尔弗雷德·施密德（Alfred Schmid）、约翰·索尔特（John Solt）、伊尔斯·索马维拉、大卫·斯特恩、皮埃尔·斯通伯罗（Pierre Stonborough）和弗朗索瓦丝·斯通伯罗（Françoise Stonborough）、罗伯特·冯·哈尔伯格（Robert von Hallberg）以及卡伦·祖姆哈根-耶克普勒（Karen Zumhagen-Yekplé）。《维特根斯坦的维也纳》的作者阿兰·雅尼克就如何开展工作给了我极好的“内行”建议。挪威卑尔根大学维特根斯坦档案馆馆长阿勒斯·皮希勒（Alois Pichler）非常热心，允许我基于他对《遗著集》第 101、102 和 103 号手稿的修订转录来进行翻译（可参见本书的参考文献）。弗里德里希·施塔德勒（Friedrich Stadler）教授在 2021 年夏组织了一场关于维特根斯坦和“维也纳圈子”的学术会议，让我有机会在专家面前初试我的某些想法。

任何一位研究维特根斯坦私人文献的学者都要深深感谢瑞·蒙克——《维特根斯坦传：天才之为责任》的作者，正是这本杰出的传记，首次勾起了我对维特根斯坦的兴趣。他在传记中对私人笔记的大量援引，促使我购买了威廉·鲍姆 1991 年编辑的德文版笔记。

最后，维也纳维特根斯坦倡议协会会长拉德米拉·施韦策女士在众多方面都充当了本书合著者的角色。她帮我联系到所有相关的学者、版权持有者和家庭成员，把我介绍给相关的重要人士，在每一步工作中都为我提供建议，阅读了全部手稿，并提供了书中的大部分照片。过去十年间，我多次参加过维也纳举办的研讨会，其中大部分都是应拉德米拉的邀请。而她本人 2018 年出版的《〈逻辑哲学论〉的漫长之旅》（*Die Traktatus Odyssee*）一书，是研究维特根斯坦战争年代的宝贵资料。

我的两个女儿，南希和凯瑞，一如既往地读了我的手稿，并给了我出色的指点。今年，我们三人都有新书付梓——这很激动人心。或许，写作让我们三人更容易忍受 2020 这个疫情年。

玛乔丽·佩洛夫
加州，太平洋帕里赛德

参考文献

注：维特根斯坦的著作在本参考文献中按其原始出版日期的时间顺序排列。

Apollinaire，Guillaume（纪尧姆·阿波利奈尔）. "Guerre"（《战争》）In *Calligrammes*（载于《图画诗》），translated by Anne Hyde Greet. Berkeley: University of California Press，1980.

Baum，William（威廉·鲍姆）. *Wittgenstein im Ersten Weltkrieg: Die "Geheimen Tagebücher" und die Erfahrungen an der Front*（*1914–1918*）（《一战中的维特根斯坦：〈加密日记〉与前线经历（1914—1918年）》）. Klagenfurt，Austria: Kitab Verlag，2014.

Drury，M. O'C（M. O'C. 德鲁里）. "Some Notes on Conversations with Wittgenstein"（《与维特根斯坦谈话的一些笔记》）In *Ludwig Wittgenstein: Personal Recollections*（载于《路德维希·维特根斯坦：回忆录》），edited by Rush Rhees，91–111. Totowa，N.J.: Rowman & Littlefield，1981.

Engelmann，Paul（保罗·英格尔曼）. *Letters from Ludwig Wittgenstein—With a Memoir*（《路德维希·维特根斯坦的来信——附有回忆录》）. Oxford: Blackwell，1967.

Erbacher，Christian（克里斯蒂安·艾尔巴赫）. "'Among the Omitted Stuff, There Are Many Good Remarks of a General Nature'—On the Making of von Wright and Wittgenstein's Culture and Value"（《"在被删节的材料中，有许多具有普遍性的好评论"——论冯·赖特与维特根斯坦〈文化与价值〉的创作》）SATS，18，no. 2（2000）（载于《北欧哲学杂志》），https://www.degruyter .com/view/journals/sats/18/2/article -$29 .xml/.

—. *Wittgenstein's Heirs and Editors*（《维特根斯坦的继承者及编校者》）. Cambridge，UK: Cambridge University Press，Cambridge Elements online，2020.

Hayek，Friedrich von（弗里德里希·冯·哈耶克）. *Draft Biography of Ludwig Wittgenstein: The Text and Its History*（English and German ed.）（《路德维希·维特根斯坦简传：文本及其历史》英德版本），edited by Christian Erbacher. Paderborn，Germany: Mentis，2019.

Janik，Allan，and Stephen Toulmin（阿兰·雅尼克、斯蒂芬·图尔敏）. *Wittgenstein's Vienna*（《维特根斯坦的维也纳》），2nd ed. Chicago: Ivan R. Dee，1996.

Kuusela，Oskari，and Marie McGinn，eds.（奥斯卡里·库塞拉、玛丽·麦金编）*The Oxford Handbook of Wittgenstein*（《牛津维特根斯坦手册》）. Oxford: Oxford University Press，2011.

McGuinness，Brian（布莱恩·麦吉尼斯）. *Wittgenstein，A Life: Young Ludwig 1889–1921*（《维特根斯坦传：青年路德维希（1889—1921）》）. Berkeley: University of California Press，1988.

—. "Wittgenstein and Biography"（《维特根斯坦与传记》）In *The Oxford Handbook of Wittgenstein*（载于《牛津维特根斯坦手册》），edited by Oskari Kuusela and Marie McGinn，13–22. Oxford: Oxford University Press，2011.

McGuinness, Brian, ed.（布莱恩·麦吉尼斯编）. *Wittgenstein's Family Letters*（《维特根斯坦家书》）, translated by Peter Winslow. London: Bloomsbury Academic, 2018.

Moi, Toril（托里尔·莫伊）. *Revolution of the Ordinary. Literary Studies after Wittgenstein, Austin, and Cavell*（《日常语言的革命：维特根斯坦、奥斯丁和卡维尔之后的文学研究》）. Chicago: University of Chicago Press, 2017.

Monk, Ray（瑞·蒙克）. *Ludwig Wittgenstein: The Duty of Genius*（《维特根斯坦传：天才之为责任》）. New York: Macmillan, 1990.

Perloff, Marjorie（玛乔丽·佩洛夫）. *Wittgenstein's Ladder: Poetic Language and the Strangeness of the Ordinary*（《维特根斯坦的梯子：诗歌语言与日常语言的奇特性》）. Chicago: University of Chicago Press, 1996.

—. *Edge of Irony: Modernism in the Shadow of the Habsburg Empire*（《讽刺的边缘：哈布斯堡帝国阴影下的现代主义》）. Chicago: University of Chicago Press, 2016.

Pilch, Martin（马丁·皮尔奇）. "Wittgensteins 'Gebetsstriche' in den Kriegstagebüchern（MSS. 101–103）"（《维特根斯坦战时笔记中的"祈祷式"》）In *Aesthetics Today*（载于《今日美学》）, Contemporary Approaches to the Aesthetics of Nature and of Art（39th International Wittgenstein Symposium, Kirchberg am Wechsel, August 2016）, edited by Stefan Majetschak and Anja Weiberg, 192–95, https://www.alws.at/alws/wp-$2ntent/uploads/2019/01/papers-$216.pdf.

—. "Die Entstehung des Tractatus im 1 Weltkrieg—Nachträge zur Biographie"（《一战背景下〈逻辑哲学论〉的诞生——传记补编》）In *Ludwig Wittgenstein: Die Tractatus Odyssee*（载于《路德维希·维特根斯坦：〈逻辑

哲学论〉的漫长之旅》），edited by Radmila Schweitzer.

—. “März-September 1916: Ludwig Wittgenstein während der Brussilow-Offensive in der Bukovina”（《1916年3月至9月：布科维纳地区布鲁西洛夫攻势期间的路德维希·维特根斯坦》）In *Ludwig Wittgenstein: Die Tractatus Odyssee*，（载于《路德维希·维特根斯坦：〈逻辑哲学论〉的漫长之旅》），edited by Radmila Schweitzer.

Schweitzer，Radmila，ed.（拉德米拉·施韦策编）. *Ludwig Wittgenstein: Die Tractatus Odyssee*（《路德维希·维特根斯坦：〈逻辑哲学论〉的漫长之旅》）. Wien: Wittgenstein Initiative，2018.

Sluga，Hans，and David G. Stern，eds.（汉斯·斯鲁加、大卫·斯特恩编）. *The Cambridge Companion to Wittgenstein*（《剑桥维特根斯坦指南》），2nd ed. Cambridge，UK: Cambridge University Press，2017.

Somavilla，Ilse（伊尔斯·索马维拉）. *Verschlüsselung in Wittgensteins Nachlass*（《维特根斯坦遗著中的加密》）. Publications of the Austrian Ludwig Wittgenstein Society—New Series，vol. 14，366–86. Innsbruck: Ontos Verlag，2002.

Somavilla，Ilse，and Carl Humphries（伊尔斯·索马维拉、卡尔·汉弗莱斯）. *Wittgensteins Denkbewegungen*（*Tagebücher 1930–32 / 1936–37*），*Interdisciplinary Perspectives*（《维特根斯坦的思想运动（1930—1932 / 1936—1937年日记）——跨学科视角》）. Innsbruck，Wien，Bozen: Studien Verlag，2019.

Stern，David（大卫·斯特恩）. “The Availability of Wittgenstein's Philosophy”（《维特根斯坦哲学的可获取性》）. In *The Cambridge Companion to Wittgenstein*（载于《剑桥维特根斯坦指南》），2nd ed.，edited by Hans Sluga and David G. Stern，442–76. Cambridge，UK:

Cambridge University Press，2017.

Tolstoy，Leo（列夫·托尔斯泰）. *The Gospel in Brief: The Life of Jesus*（《福音书摘要：耶稣的一生》），translated by Dustin Condren. New York: Harper，2011.

Von Wright，G. H.（G. H. 冯·赖特）. “Biographical Sketch”（《传略》）. In Norman Malcolm，*Ludwig Wittgenstein: A Memoir*，*with a Biographical Sketch by G. H. von Wright and Wittgenstein's Letters to Malcolm*（载于诺尔曼·马尔康姆：《回忆维特根斯坦（附有冯·赖特的〈传略〉及维特根斯坦致马尔康姆的书信）》），2nd ed.，1–20. Oxford: Oxford University Press，1984.

Wittgenstein，Hermine（赫敏·维特根斯坦）. “My Brother Ludwig”（《舍弟路德维希》）. In *Ludwig Wittgenstein: Personal Recollections*（载于《路德维希·维特根斯坦：回忆录》），edited by Rush Rhees. Totowa，N.J.: Rowman & Littlefield，1984.

Wittgenstein，Ludwig（路德维希·维特根斯坦）. *Notebooks 1914–1916*（《1914—1916 年笔记》），2nd ed.，edited by G. H. von Wright and G. E. M. Anscombe，translated by G. E. M. Anscombe（G. H. 冯·赖特、G. E. M. 安斯康姆编；G. E. M. 安斯康姆译）. Chicago: University of Chicago Press，1979.

—. *Tractatus Logico-Philosophicus*（《逻辑哲学论》），bilingual ed.，translated by C. K. Ogden，with an Introduction by Bertrand Russell（德英对照版；C. K. 奥格登译；附有伯特兰·罗素导言）. London: Routledge，1992.（Originally published 1922.）

—. *The Blue and Brown Books*（《蓝皮书和棕皮书》），2nd ed.，edited by Rush Rhees. New York: Harper，1960.

—. *Philosophical Investigations*（《哲学研究》），bilingual ed.，translated by G. E. M. Anscombe，P. M. S.

Hacker，and Joachim Schulte（德英对照版；G. E. M. 安斯康姆、P. M. S. 哈克尔、约阿希姆·舒尔特译）. Revised 4th ed. by P. M. S. Hacker and Joachim Schulte. Oxford: Wiley-Blackwell，2009.

—. *Lectures and Conversations on Aesthetics*，*Psychology*，*and Religious Belief*（《关于美学、心理学和宗教信仰的讲座与对话》），edited by Cyril Barrett（西里尔·巴雷特编）. Berkeley: University of California Press，2007.

—. *Culture and Value*（《文化与价值》），rev. ed.，edited by G. H. von Wright; revised edition of the text by Alois Pichler. Translated by Peter Winch（G. H. 冯· 赖特编；修订版由阿勒斯·皮希勒编；彼得·温奇译）. Oxford: Blackwell，1998.

—. *Zettel*（《纸条集》），bilingual ed.，edited by G. E. M. Anscombe and G. H. Wright（德英对照版；G. E. M. 安斯康姆，G. H. 冯·赖特编）. Berkeley: University of California Press，1967.

—. *Wittgenstein's Lectures Cambridge*，*1930–32*（《维特根斯坦讲演集：剑桥［1930—1932 年］》）. From the Notes of John King and Desmond Lee，edited by Desmond Lee. Chicago: University of Chicago Press，1980.

—. *Carnets secrets 1914–1916*（《1914—1916 年加密日记》［法译本］），translated by Jean-Pierre Cometti. Paris: Farrago，2001.

—. *Diari segreti*（《加密日记》［意大利语译本］），translated by Fabrizio Funtò，with an Introduction by Aldo G. Gargani. Bari，Italy: Laterza，1987.

—. *Diarios secretos*（《加密日记》［西班牙语译本］）. Madrid: Alianza Universidad，1991.

—. *Geheime Tagebücher 1914–1916*（《1914—1916

年加密日记》［德语版］），edited by William Baum（威廉·鲍姆编）. Wien: Turia & Kant，1991.

—. *Briefe. Briefwechsel mit B. Russell, G. E. Moore, J. M. Keynes, F. P. Ramsey, W. Eccles, P. Engelmann, L. von Ficker*（《书信集：与罗素、摩尔、凯恩斯、拉姆齐、埃克尔斯、英格尔曼、费克尔的往来通信》），edited by B. F. McGuinness and G. H. von Wright（B. F. 麦吉尼斯、G. H. 冯·赖特编）. Frankfurt: Suhrkamp，1980.

Zumhagen-Yekplé，Karen（卡伦·祖姆哈根-耶克普勒）. *A Different Order of Difficulty: Literature After Wittgenstein*（《难度的不同秩序：维特根斯坦之后的文学》）. Chicago: University of Chicago Press，2020.

档案文献

Wittgenstein，Ludwig. Wittgenstein's Nachlass: The Bergen Electronic Edition（维特根斯坦遗著集：卑尔根电子版），edited by Wittgenstein Archives at the University of Bergen under the direction of Claus Huitfeldt. Oxford: Oxford University Press，2000. This edition cited as BEE.

—. Wittgenstein Source Bergen Nachlass Edition（ 维特根斯坦文献卑尔根遗著版），edited by Wittgenstein Archives at the University of Bergen under the direction of Alois Pichler. Wittgenstein Source（2009–），http://wittgensteinsource.org. Bergen: University of Bergen，2015–. This edition is cited as BNE.

—. Interactive Dynamic Presentation（IDP）of *Ludwig Wittgenstein's Philosophical Nachlass*（《维特根斯坦哲学遗著集》［交互式动态版］），edited by Wittgenstein

Archives at the University of Bergen under the direction of Alois Pichler，http://wittgensteinonline.no/. Bergen: University of Bergen，2016.

—. *Wittgenstein Collection*（《维特根斯坦作品集》）. Research Institute，Brenner Archive，University of Innsbruck，Austria（n.d.）.

我思，我读，我在

Cogito, Lego, Sum